한자능력 검정시험

7급

권하는 글

우리 겨레는 아득한 옛날부터 우리말을 쓰면서 살아 왔다. 아마 처음에는 요사이 우리가 쓰고 있는 아버지, 어머니, 위, 아래, 하나, 둘, 바위, 돌, 물, 불 같은 기초어휘가 먼저 쓰였을 것이다.

그러다가 약 2천년 전부터, 당시로는 우리 겨레보다 文化水準(문화수준)이 높았던 이웃 나라의 中國(중국)사람들과 접촉하면서 그들의 글자와 글인 漢字와 漢文을 받아들이게 되고 漢字로 이루어진 어휘도 많이 빌려 쓰게 되었다. 이리하여 우리 겨레는 우리의 고유어와 함께, 父(부)·母(모), 上(상)·下(하), 一(일)·二(이), 岩(암)·石(석)과 같은 漢字語를 쓰게 되었으며, 본래 우리말의 기초어휘에 없던 추상적인 말, 예를 들면 希望(희망), 進步(진보), 勇氣(용기), 特別(특별)과 같은 어휘와, 사회제도 및 정부 기구를 나타내는 科擧(과거), 試驗(시험), 判書(판서), 捕校(포교) 등도 함께 써 오게 되었다.

이러한 현상은 오늘날에도 마찬가지여서, 새로운 文物制度(문물제도)가 생기고 學問(학문)이 발달하면, 자연스러이 漢字로 새 단어를 만들어 쓰는 일이 많다. 治安監(치안감), 元士(원사), 修能試驗(수능시험), 面接考査(면접고사), 高速電鐵(고속전철), 宇宙探索(우주탐색), 公認仲介士(공인중개사) 등 예를 이루 다 들 수가 없다.

따라서 우리는 이미 우리말 안에 녹아들어 있는 漢字語를 정확하게 이해하여, 순수한 우리의 고유어와 함께 우리말을 더욱 올바르게 사용하기 위하여 漢字를 공부하여야 한다.

韓國語文敎育硏究會에서는 우리 국민의 漢字에 대한 이해를 촉진시키고 국어 생활의 수준을 향상시키고자 여러 한자 학습 교재를 편찬해 왔다. 또 한편으로는 韓國漢字能力檢定會에서 시행하고 있는 全國漢字能力檢定試驗에도 對備(대비)할 수 있도록 級數(급수)別로 漢字를 배정하고, 漢字마다 표준이 된 訓과 音, 그리고 長短音(장단음)을 표시하였으며, 누구나 알아야 될 類義語(유의어), 反意語(반의어), 故事成語(고사성어), 漢字의 部首(부수), 널리 쓰이고 있는 略字(약자) 등도 자세히 제시해 두고 있다.

우리의 漢字學習 目的(목적)은 어디까지나 국어 안의 한자어를 제대로 알고자 하는 데 있으나, 이러한 한자학습을 통하여 우리의 文化遺産(문화유산)인 漢文(한문) 典籍(전적)을 읽어 내고, 漢語(한어)를 배우는 데도 도움이 될 수 있을 것이라고 믿는다.

2005年 2月 15日

韓國語文敎育硏究會 會長　姜 信 沆

머리말

　國語(국어) 어휘의 70% 정도를 차지하고 있는 것이 漢字語(한자어)입니다. 30여년 간의 한글 專用(전용) 교육은 국민의 國語 能力(능력)을 低下(저하)시킴으로써 상호간 意思疏通(의사소통)을 모호하게 하고, 學習(학습) 能力(능력)을 減少(감소)시켰을 뿐만 아니라, 傳統(전통)과의 단절, 한자문화권 내에서의 孤立(고립)이라는 결과를 빚어냈습니다.

　이미 30여년 전에 이런 한글 專用 교육의 盲點(맹점)을 파악하고 漢字 교육을 통한 國語 교육 正常化(정상화)를 기치로 내세워 발족한 韓國語文教育研究會는 잘못된 語文(어문) 정책을 바로잡기 위한 여러 활동을 꾸준히 벌여 왔습니다. 語文 정책을 바로잡기 위한 활동의 강화 차원에서 社團法人 韓國語文會를 창립하였고, 公教育(공교육)에서 담당하지 못하고 있는 漢字 교육을 장려하기 위하여 韓國漢字能力檢定會를 설립하였습니다.

　국민의 言語 能力, 事務(사무) 能力 低下(저하)는 필연적으로 國家(국가)와 社會(사회) 양쪽에서부터 반성을 불러 일으켰습니다. 政府(정부)는 公文書(공문서)에 漢字를 併記(병기)하자는 결정을 내렸으며, 한편으로 經濟(경제) 단체에서는 漢字 교육의 필요성을 力說(역설)하고 있습니다. 머지않아 公教育에서도 漢字가 混用(혼용)된 교재로 정상적인 학습을 할 날이 到來(도래)할 것을 의심치 않습니다.

　한글 전용 교육을 받고 자라난 世代(세대)가 이제는 社會의 중장년층이 된 바, 漢字를 모르는 데서 오는 불편을 후손에게 대물림하지 않기 위하여 漢字 교육에 관심을 보이고 있습니다. 이는 全國漢字能力檢定試驗에 응시하는 미취학 아동과 초등학생 지원자의 수가 꾸준히 증가하는 것에서 확인할 수 있습니다.

　韓國語文教育研究會는 全國漢字能力檢定試驗 교재를 이미 10여년 전에 출간하였으나 그 내용이 지나치게 간단하였기에, 학습자들이 보다 쉽게 漢字를 익히고, 全國漢字能力檢定試驗에 대비할 수 있는 級數別(급수별) 自習書(자습서)의 보급이 필요하다고 판단하여, 이 학습서를 출간하게 된 것입니다. 이 책은 각 級數別 읽기와 쓰기 配定 漢字를 구별하여, 각각의 활용 단어를 넣었으며, 그 외 字源(자원), 訓音(훈음), 讀音(독음), 長短音(장단음), 筆順(필순), 四字成語(사자성어) 등을 갖춤으로써 종합적 漢字(한자) 학습을 가능케 하였습니다.

　이 학습서가 全國漢字能力檢定試驗을 준비하는 모든 분들에게 훌륭한 길잡이가 되기를 바라마지 않습니다.

韓國語文教育研究會 編纂委員長　　　　　　南 基 卓

알려두기

이 책의 특징은 한자능력검정시험에 필요한 모든 정보를 제공하여 수험자로 하여금 시험에 대비하도록 하기 위하여, 출제 기준에 따라 한자의 훈과 음·부수·필순·사자성어·반의자 등을 정리하여 집중적으로 공부할 수 있도록 하였다. 기출문제와, 실제 한자능력검정시험의 기출문제와 같은 유형의 실전문제를 두어 시험에 대비하도록 하였다.

이 책을 이용하는데 꼭 알아두어야 할 사항들은 다음과 같다.

글자 풀이   ○ 지사(指事)문자

갓을 쓴 사내의 모양으로 지아비, 사내 (夫)를 의미한다.

응용 단어

工夫(공부) 사람의 도리를 배움
人夫(인부) 품삯을 받고 쓰이는 사람
夫人(부인) 남의 아내를 일컫는 존칭어

夫 지아비 부

부수	획수
大	1

1. 한자의 배열은 가나다 순으로 하지 않고 주제별로 배열하여 개개의 한자뿐만 아니라 단어의 구성도 보여 학습에 편리함을 도모하였다.

2. 글자풀이란을 두어 한자의 구성원리를 쉽게 이해하고 오래도록 기억할 수 있도록 하였으며, 이 때의 글자풀이는 수험자가 쉽게 이해할 수 있도록 자원풀이보다는 파자(글자를 풀어 설명하는)의 방법을 사용하였다. 더불어 육서를 제시하여 문자의 구성을 표시하였다.

3. 훈과 음은 (사단법인) 한국어문회, 한국어문교육연구회, 한국한자능력검정회가 지정한 대표 훈과 음, 장단음을 따랐다.

4. 각 한자의 부수와 획수를 밝혔으며, 이 때의 획수는 총획에서 부수의 획수를 뺀 나머지 획으로 통일하였다.

5. 각 배정한자에 관련된 삽화를 넣어 그 글자의 뜻을 이해하고, 연상학습이 될 수 있도록 하였다.

6 응용단어는 해당급수의 배정한자로 이루어지는 단어를 만들어 그 뜻을 풀이하였고, 풍부한 단어를 제시하여 어휘력을 향상시켜 한자의 응용능력을 익힐 수 있게 하였다. 그리고 각 글자에는 두 개의 문장을 만들어 그 단어들의 쓰임을 보고, 그 한자의 독음을 달 수 있는지를 확인하기 위하여 확인학습을 두었다.

필순	一 二 扌 夫				
夫	夫				
지아비 부					

7 필순을 밝혀, 필순을 보면서 한자를 필순에 맞게 써 봄으로써 올바른 한자를 쓸 수 있도록 하였다.

건설현장의 人夫(   )로 일하려면 새벽 일찍 인력시장에 나가서 차례를 기다려야 합니다.

夫人(   )께서는 오늘 오지 못하시는가 보군요.

8 활용문은 초등학교 국어 교과서에서 문장을 뽑아 단어들의 쓰임을 문장에서 익히도록 하였다.

9 5개의 한자학습이 끝나면 확인학습란을 두어 그 배정한자를 제대로 익혔는지를 확인하게 하였다.

10 부록에는 각 급수에 해당하는 사자성어, 반의자를 밝혀 집중적으로 공부할 수 있도록 하였다.

11 기출문제 6회분과, 실제 한자능력검정시험의 기출문제와 같은 유형의 실전문제를 2회분 두어 지금까지 학습한 내용을 점검하고 실전에 대비하게 하였다. ➡ 부록

漢字能力檢定試驗

한자능력검정시험 응시 요강

 ## 한자능력검정시험 급수배정 한자의 수준 및 대상

급수	수준 및 특성	대상
8급	읽기 50자, 쓰기 없음 유치원생이나 초등학생의 학습동기 부여를 위한 급수	초등학교 1학년
7급Ⅱ	읽기 100자, 쓰기 없음 8급과 7급의 격차를 해소하기 위한 급수	초등학교 2학년
7급	읽기 150자, 쓰기 없음 한자 공부를 처음 시작하는 분을 위한 초급단계	초등학교 2학년
6급Ⅱ	읽기 225자, 쓰기 50자 한자 쓰기를 시작하는 첫 급수	초등학교 3학년
6급	읽기 300자, 쓰기 150자 기초 한자 쓰기를 시작하는 급수	초등학교 3학년
5급Ⅱ	읽기 400자, 쓰기 225자 6급과 5급의 격차를 해소하기 위한 급수	초등학교 4학년
5급	읽기 500자, 쓰기 300자 학습용 한자 쓰기를 시작하는 급수	초등학교 4학년
4급Ⅱ	읽기 750자, 쓰기 400자 5급과 4급의 격차를 해소하기 위한 급수	초등학교 5학년
4급	읽기 1,000자, 쓰기 500자 초급에서 중급으로 올라가는 급수	초등학교 6학년
3급Ⅱ	읽기 1,500자, 쓰기 750자 4급과 3급의 격차를 해소하기 위한 급수	중학생
3급	읽기 1,817자, 쓰기 1,000자 신문 또는 일반 교양어를 읽을 수 있는 수준	고등학생
2급	읽기 2,355자, 쓰기 1,817자 일상 한자어를 구사할 수 있는 수준	대학생·일반인
1급	읽기 3,500자, 쓰기 2,005자 국한혼용 고전을 불편 없이 읽고, 공부할 수 있는 수준	대학생·일반인
특급Ⅱ	읽기 4,918자, 쓰기 2,355자 국한혼용 고전을 불편 없이 읽고, 공부할 수 있는 수준	대학생·일반인
특급	읽기 5,978자, 쓰기 3,500자 국한혼용 고전을 불편 없이 읽고, 공부할 수 있는 수준	대학생·일반인

▶▶ 초등학생은 4급, 중·고등학생은 3급, 대학생은 2급과 1급 취득에 목표를 두고 학습하길 권해 드립니다.

한자능력검정시험 급수별 출제유형

구분	특급	특급II	1급	2급	3급	3급II	4급	4급II	5급	5급II	6급	6급II	7급	7급II	8급
읽기 배정 한자	5,978	4,918	3,500	2,355	1,817	1,500	1,000	750	500	400	300	225	150	100	50
쓰기 배정 한자	3,500	2,355	2,005	1,817	1,000	750	500	400	300	225	150	50	0	0	0
독음	45	45	50	45	45	45	32	35	35	35	33	32	32	32	24
훈음	27	27	32	27	27	27	22	22	23	23	22	29	30	30	24
장단음	10	10	10	5	5	5	3	0	0	0	0	0	0	0	0
반의어	10	10	10	10	10	10	3	3	3	3	3	2	2	2	0
완성형	10	10	15	10	10	10	5	5	4	4	3	2	2	2	0
부수	10	10	10	5	5	5	3	3	0	0	0	0	0	0	0
동의어	10	10	10	5	5	5	3	3	3	2	3	2	2	2	0
동음이의어	10	10	10	5	5	5	3	3	3	3	2	2	2	2	0
뜻풀이	5	5	10	5	5	5	3	3	3	3	2	2	2	2	0
필순	0	0	0	0	0	0	0	0	3	3	3	3	2	2	2
약자 · 속자	3	3	3	3	3	3	3	3	3	3	0	0	0	0	0
한자 쓰기	40	40	40	30	30	30	20	20	20	20	20	10	0	0	0
한문	20	20	0	0	0	0	0	0	0	0	0	0	0	0	0

▶▶ 상위급수 한자는 모두 하위급수 한자를 포함하고 있습니다.
▶▶ 쓰기 배정 한자는 한두 급수 아래의 읽기 배정한자이거나 그 범위 내에 있습니다.
▶▶ 출제유형표는 기본지침자료로서, 출제자의 의도에 따라 차이가 있을 수 있습니다.
▶▶ 공인급수는 교육과학기술부로부터 국가공인자격 승인을 받은 특급 · 특급II · 1급 · 2급 · 3급 · 3급II이며, 교육급수는 한국한자능력검정회에서 시행하는 민간자격인 4급 · 4급II · 5급 · 5급II · 6급 · 6급II · 7급 · 7급II · 8급입니다.
▶▶ 5급II · 7급II는 신설 급수로 2010년 11월 시험부터 적용됩니다.
▶▶ 6급II 읽기 배정한자는 2010년 11월 시험부터 300자에서 225자로 조정됩니다.

 ## 한자능력검정시험 합격기준

구분	특급	특급II	1급	2급	3급	3급II	4급	4급II	5급	5급II	6급	6급II	7급	7급II	8급
출제문항수	200	200	200	150	150	150	100	100	100	100	90	80	70	60	50
	(100)	(100)	(100)	(100)	(100)	(100)	(100)	(100)	(100)	(100)	(100)	(100)	(100)	(100)	(100)
합격문항수	160	160	160	105	105	105	70	70	70	70	63	56	49	42	35
	(80)	(80)	(80)	(70)	(70)	(70)	(70)	(70)	(70)	(70)	(70)	(70)	(70)	(70)	(70)

▶▶ ( )는 100점 만점으로 환산한 점수입니다.
▶▶ 특급 · 특급II · 1급은 출제 문항수의 80% 이상, 2급 ~ 8급은 70%이상 득점하면 합격입니다.

한자능력검정시험 합격자 우대사항

■ 본 우대사항은 변경이 있을 수 있습니다. 최신 정보는 한국한자능력검정회 홈페이지를 참고하시기 바랍니다.
■ 자격기본법 제27조에 의거 국가자격 취득자와 동등한 대우 및 혜택
■ 대학 수시모집 및 특기자 전형 지원. 대입 면접시 가산점(해당 학교 및 학과)
■ 고려대, 성균관대, 충남대 등 수많은 대학에서 대학의 정한 바에 따라 학점, 졸업인증에 반영
■ 유수 고등학교에서 정한 바에 따라 입시에 가산점 등으로 반영
■ 육군 간부 승진 고과에 반영
■ 한국교육개발원 학점은행의 학점에 반영
■ 기업체 입사 및 인사고과에 반영(해당기업에 한함)

1. 대학 수시모집 및 특기자 전형 지원

대학	학 과	자격
건양대학교	중국어, 일본어	한자능력검정시험 5급이상
경북과학대학	관광영어과,관광일어과, 관광중국어과	한자능력검정시험 4급이상
경북대학교	사학과, 한문학과	한자, 한문 특기자
경상대학교	한문학과	한자능력검정시험 2급 이상(한국어문회 주관)
경성대학교	한문학과	한자능력검정시험 3급 이상(한국어문회 주최)
고려대학교	어학특기자(한문학과)	한문 특기자
공주대학교	한문교육과	국가공인 한자급수자격시험(3급이상) 취득자
국민대학교	중어중문학과	한자능력시험(한국어문회 주관) 1급 이상
군산대학교	어학특기자	중국어 : 한어수평고사(HSK) 6급 ~ 11급인 자 또는 한자능력검정 1, 2급인 자, 한자능력급수 1, 2급인 자 ※한자능력검정의 경우 한국한자능력검정회, 　대한민국한자급수검정회, 대한민국한문교육진흥회, 　한국어문회 발행만 인정.
단국대학교 (서울)	한문특기자	한국어문회 주관 한자능력검정시험 3급 이상 취득한 자
대구대학교	문학 및 한자 우수자	한자능력검정시험 3급 이내 합격자

대학	학 과	자격
동서대학교	어학, 한자, 문학, 영상	어학, 한자, 문학, 영상에서 3위 이상 입상자
동아대학교	한문특기자	한자능력검정시험(한국한자능력검정회 주최) 3급 이상 자격증 소지자
동의대학교	어학특기자	한자능력검정시험 1급 이상 또는 HSK 6급이상인자
명지대학교	어학특기자	검정회 및 한국어문회에서 주관하는 한자능력검정시험 2급 이상자
부산대학교	모집단위별 가산점 부여	한국어문회 시행 한자능력검정시험(1급 ~ 3급) 가산점 부여
상명대학교 (서울)	한문특기자	한자능력검정시험(3급 ~ 1급) (한국한자능력검정회 시행)
선문대학교	경시대회입상 전형	(국어〈백일장, 한문, 문학〉, 수학, 과학)
성결대학교	외국어 및 문학 특기자	한자능력검정고시 3급 이상 취득자
성균관대학교	한문 특기자	전국한자능력검정시험(한국어문회) - 2급 이상
연세대학교	문과대학	한문 특기자
영남대학교	어학 특기자	한자능력검정시험(한국한자능력검정회 시행) 2급 이상 자격증 소지자
원광대학교	한문교육과	최근 3년 이내 행정기관, 언론기관, 4년제 대학 등 본교가 인정하는 공신력있는 단체에서 주최한 전국규모의 한문경시대회 개인 입상자
중앙대학교	문과대학 국어국문학과	한자능력검정시험(한국어문회 주관) 3급 이상 합격자
충남대학교	어학특기자	전국한자능력검정시험 3급 이상
한성대학교	한문특기자	전국한자능력검정시험(사단법인 한국어문학회 주최) 1급 이상 취득자
호남대학교	공인 어학능력 인증서 소지자	한문자격시험(한자급수시험)

▶▶ 대입 전형과 관련된 세부사항은 변경될 수 있으므로 해당 학교 홈페이지, 또는 입학담당부서로 문의바랍니다.

2. 대학 면접 가산 · 학점 반영 · 졸업 인증

대학	내 용	비고
건양대학교	국문학부 면접시 가산점 부여	대학입시
성균관대학교	졸업인증 3품 중 국제품의 경우 3급이상 취득시 인증	졸업인증
경산대학교	전교생을 대상으로 3급이상 취득시 인증	졸업인증
서원대학교	국문과를 대상으로 3급이상 취득시 인증	졸업인증
제주한라대학	중국어통역과를 대상으로 3급이상 취득시 인증	졸업인증
신라대학교	인문/자연/사범/예체능계열을 대상으로 4급이상 취득시 인증	졸업인증
경원전문대학	전교생 대상, 취득시 학점반영	학점반영
덕성여자대학교	전교생 대상, 취득시 학점반영	학점반영
한세대학교	전교생 대상, 취득시 학점반영(한문 교양 필수)	학점반영

▶▶ 상기 내용은 변화가 있을 수 있으므로 해당 학교와 학과의 안내를 참고바랍니다.

3. 기업체 입사 · 승진 · 인사고과 반영

구분	내 용	비고
육군	부사관 5급 이상 / 위관장교 4급 이상 / 영관장교 3급 이상	인사고과
조선일보	기자재용 시 3급 이상 우대	입사

▶▶ 상기 내용은 변화가 있을 수 있으므로 해당 기관이나 기업에 문의하시기 바랍니다.

 한자능력검정시험 시험시간

구분	특급	특급II	1급	2급	3급	3급II	4급	4급II	5급	5급II	6급	6급II	7급	7급II	8급
시험시간	100분		90분		60분						50분				

▶▶ 응시 후 시험 시간동안 퇴실 가능 시간의 제한은 없습니다.
▶▶ 시험 시작 20분 전(교육급수−10:40/공인급수−14:40)까지 고사실에 입실하여 주시기 바랍니다.

 한자능력검정시험 검정료

구분	특급	특급II	1급	2급	3급	3급II	4급	4급II	5급	5급II	6급	6급II	7급	7급II	8급
검정료	50,000원		30,000원								25,000원				

▶▶ 창구접수 검정료는 원서 접수일부터, 마감시까지 해당 접수처 창구에서 받습니다.

한자능력검정시험 접수방법

⊙ 창구접수(모든 급수, 해당 접수처)

응시 급수 선택	검정시험 급수 배정을 참고하여, 응시자에게 알맞는 급수를 선택합니다.
원서 작성 준비물 확인	반명함판사진(3×4cm) 3매/급수증 수령주소/주민번호/이름(한자) 응시료(현금)
원서 작성 · 접수	정해진 양식의 원서를 작성하여 접수창구에 응시료와 함께 제출합니다.
수험표 확인	수험표를 돌려받으신 후 수험번호, 수험일시, 응시 고사장을 확인하세요.

※인터넷 접수 가능 : 접수 방법은 바뀔 수 있으므로 한국어문회 홈페이지(www.hanja.re.kr)를 참고하시기 바랍니다.

 ## 한자능력검정시험 시상기준

급수	문항 수	합격문항	우량상			우수상		
			초등이하	중등	고등	초등이하	중등	고등
특급	200	160	–	–	–	160	160	160
특급Ⅱ	200	160	–	–	–	160	160	160
1급	200	160	–	–	–	160	160	160
2급	150	105	–	105	112	105	112	120
3급	150	105	–	105	112	105	112	120
3급Ⅱ	150	105	112	120	127	120	127	135
4급	100	70	75	80	85	80	85	90
4급Ⅱ	100	70	75	80	85	80	85	90
5급	100	70	85	85	–	90	90	–
5급Ⅱ	100	70	85	85	–	90	90	–
6급	90	63	76	–	–	81	–	–
6급Ⅱ	80	56	68	–	–	72	–	–
7급	70	49	59	–	–	63	–	–
7급Ⅱ	60	42	51	–	–	54	–	–
8급	50	35	42	–	–	45	–	–

▶▶ 시상기준표의 숫자는 "문항 수" 입니다.
▶▶ 대학생과 일반인은 시상대상에 해당되지 않습니다.

CONTENTS

한자의 기초

육 서

한자를 만드는 여섯 가지 원리를 일컬어 육서라고 한다. 육서에는 한자를 만드는 원리를 해설하는 상형, 지사, 회의, 형성과 기존의 한자를 사용하여 문자의 원리를 해설한 전주, 가차의 방법이 있다.

▶ 상형문자(象形文字 – 그림글자)

한자를 만드는 가장 기본적인 원리로 구체적인 사물의 모양을 본뜬 글자

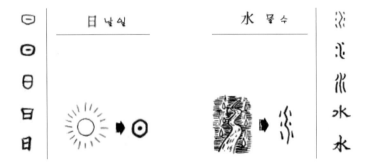

▶ 지사문자(指事文字 – 약속글자)

구체적인 모양을 나타낼 수 없는 사상이나 개념을 선이나 점으로 나타내어 글자를 만드는 원리

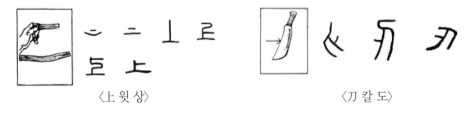

〈上 윗 상〉　　　　　　　　　　〈刀 칼 도〉

▶ 회의문자(會意文字 – 뜻 모음 글자)

두 개 이상의 글자가 뜻으로 결합하여 새로운 글자를 만드는 원리

* 明(밝을 명) = 日(날 일) + 月(달 월)

* 林(수풀 림) = 木(나무 목) + 木(나무 목)

▶ 형성문자(形聲文字 – 합체글자)

뜻을 나타내는 부분과 음을 나타내는 부분을 결합하여 새로운 글자를 만드는 원리
* 問(물을 문) = 門(문 문) + 口(입 구)
* 記(기록할 기) = 言(말씀 언) + 己(몸 기)

▶ 전주문자(轉注文字 – 확대글자)

이미 있는 글자의 뜻을 확대, 유추하여 새로운 뜻을 나타내는 원리

* 惡	본뜻	악할 악	예) 惡行(악행)
	새로운 뜻	미워할 오	예) 憎惡(증오)

▶ 가차문자(假借文字 – 빌린 글자)

글자의 본래 의미와는 상관없이 소리가 비슷한 글자를 빌려서 나타내는 원리
* 스페인(Spain) = 西班牙(서반아)   * 유럽(Europe) = 歐羅巴(구라파)

부수의 위치와 명칭

▶ 邊(변) : 글자의 왼쪽에 있는 부수

* 木 나무목변 : 校 (학교 교), 植 (심을 식), 樹 (나무 수)
* 氵(水) 물수변 : 江 (강 강), 海 (바다 해), 洋 (큰 바다 양)

▶ 傍(방) : 글자의 오른쪽에 있는 부수

* 阝(邑) 우부방(고을 읍 방) : 郡 (고을 군), 部 (떼 부)
* 刂(刀) 선칼도방(칼 도 방) : 利 (이할 리), 別 (다를/나눌 별)

▶ 머리 : 글자의 위에 있는 부수

* 宀 갓머리(집 면) : 室 (집 실), 安 (편안 안), 字 (글자 자)
* ++(艸) 초두(艸頭) : 萬 (일만 만), 草 (풀 초), 藥 (약 약)

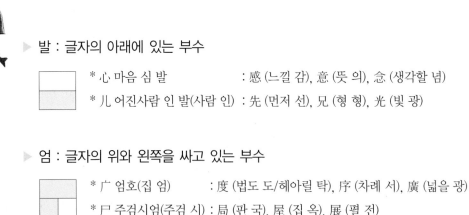

▶ 발 : 글자의 아래에 있는 부수

  * 心 마음 심 발　　　　　　　: 感 (느낄 감), 意 (뜻 의), 念 (생각할 념)
  * 儿 어진사람 인 발(사람 인) : 先 (먼저 선), 兄 (형 형), 光 (빛 광)

▶ 엄 : 글자의 위와 왼쪽을 싸고 있는 부수

  * 广 엄호(집 엄)　　　　: 度 (법도 도/헤아릴 탁), 序 (차례 서), 廣 (넓을 광)
  * 尸 주검시엄(주검 시) : 局 (판 국), 屋 (집 옥), 展 (펼 전)

▶ 책받침 : 글자의 왼쪽과 밑을 싸고 있는 부수

  * 辶(辵) 갖은책받침(쉬엄쉬엄 갈 착) : 道 (길 도), 過 (지날 과)
  * 廴　　 민책받침(길게 걸을 인)　　 : 建 (세울 건)

▶ 몸(에운담) : 글자를 에워싸고 있는 부수

  * 囗 에운담(큰 입 구) : 國 (나라 국), 圖 (그림 도), 園 (동산 원)
  * 門 문 문몸　　　　　: 間 (사이 간), 開 (열 개), 關 (관계할 관)

▶ 諸部首(제부수) : 한 글자가 그대로 부수인 것

  * 車 (수레 거/차), 身 (몸 신), 立 (설 립)

필 순

▶ 위에서 아래로

例) 言 (말씀 언) : ` 亠 亖 亖 言 言 言

▶ 왼쪽에서 오른쪽으로

例) 川 (내 천) : 丿 丿丨 丿丨丨

▶ 세로획을 먼저

例) 用(쓸 용) : 丿 刀 刀 月 用

▶ 가운데를 먼저

例) 小 (작을 소) : 亅 小 小

▶ 몸을 먼저

例) 同 (한 가지 동) : 丨 冂 冂 同 同 同

▶ 글자를 꿰뚫는 획은 나중에

例) 中 (가운데 중) : 丨 冂 口 中

母 (어미 모) : 乙 口 母 母 母

▶ 점은 맨 나중에 (윗 부분 오른쪽 점)

例) 代 (대신할 대) : 丿 亻 仁 代 代

▶ 삐침(丿)을 파임(丶)보다 먼저

例) 父 (아비 부) : 丿 丷 刅 父

7급 배정한자

漢字能力檢定試驗

※급수 표기 : 70(7급), 72(7급Ⅱ), 80(8급)
※획수는 해당 한자에 노출된 부수의 획수를 제외한 나머지 획수입니다.

급수	한자	부수	획수	대표훈음	페이지
			ㄱ		
72	家	宀	07	집 가	62p
70	歌	欠	10	노래 가	92p
72	間	門	04	사이 간(:)	128p
72	江	氵(水)	03	강 강	184p
72	車	車	00	수레 거/차	103p
72	工	工	00	장인 공	95p
72	空	穴	03	빌 공	119p
80	敎	攵(攴)	07	가르칠 교:	78p
80	校	木	06	학교 교:	77p
80	九	乙	01	아홉 구	31p
70	口	口	00	입 구(:)	176p
80	國	囗	08	나라 국	97p
80	軍	車	02	군사 군	98p
70	旗	方	10	기 기	94p
72	氣	气	06	기운 기	164p
72	記	言	03	기록할 기	86p
80	金	金	00	쇠 금/성 김	46p
			ㄴ		
80	南	十	07	남녘 남	137p
72	男	田	02	사내 남	66p
72	內	入	02	안 내:	114p
80	女	女	00	계집 녀	67p
80	年	干	03	해 년	48p
72	農	辰	06	농사 농	161p
			ㄷ		
72	答	竹	06	대답 답	80p

급수	한자	부수	획수	대표훈음	페이지
80	大	大	00	큰 대(:)	139p
72	道	辶(辵)	09	길 도:	83p
70	冬	冫	03	겨울 동(:)	196p
72	動	力	09	움직일 동:	151p
70	同	口	03	한가지 동	54p
80	東	木	04	동녘 동	134p
70	洞	氵(水)	06	골 동:/밝을 통:	109p
70	登	癶	07	오를 등	152p
			ㄹ		
70	來	人	06	올 래(:)	150p
72	力	力	00	힘 력	145p
70	老	老	00	늙을 로:	156p
80	六	八	02	여섯 륙	28p
70	里	里	00	마을 리:	110p
70	林	木	04	수풀 림	188p
72	立	立	00	설 립	149p
			ㅁ		
80	萬	++(艸)	09	일만 만:	36p
72	每	毋	03	매양 매(:)	53p
70	面	面	00	낯 면:	121p
72	名	口	03	이름 명	179p
70	命	口	05	목숨 명:	157p
80	母	毋	01	어미 모:	56p
80	木	木	00	나무 목	44p
70	問	口	08	물을 문:	79p
70	文	文	00	글월 문	88p
80	門	門	00	문 문	64p

급수	한자	부수	획수	대표훈음	페이지
72	物	牛	04	물건 물	104p
80	民	氏	01	백성 민	102p

ㅂ

급수	한자	부수	획수	대표훈음	페이지
72	方	方	00	모 방	125p
80	白	白	00	흰 백	199p
70	百	白	01	일백 백	34p
72	不	一	03	아닐 불	172p
70	夫	大	01	지아비 부	71p
80	父	父	00	아비 부	55p
80	北	匕	03	북녘 북/달아날 배	138p

ㅅ

급수	한자	부수	획수	대표훈음	페이지
72	事	亅	07	일 사:	162p
80	四	口	02	넉 사:	25p
80	山	山	00	메 산	186p
70	算	竹	08	셈 산:	37p
80	三	一	02	석 삼	24p
72	上	一	02	윗 상:	126p
70	色	色	00	빛 색	200p
80	生	生	00	날 생	155p
80	西	襾	00	서녘 서	136p
70	夕	夕	00	저녁 석	52p
80	先	儿	04	먼저 선	82p
72	姓	女	05	성 성:	178p
72	世	一	04	인간 세:	122p
80	小	小	00	작을 소:	142p
70	少	小	01	적을 소:	70p
70	所	戶	04	바 소:	113p
72	手	手	00	손 수(:)	174p
70	數	攵(攴)	11	셈 수:	38p
80	水	水	00	물 수	43p
72	市	巾	02	저자 시:	106p
72	時	日	06	때 시	49p

급수	한자	부수	획수	대표훈음	페이지
70	植	木	08	심을 식	182p
72	食	食	00	밥/먹을 식	154p
80	室	宀	06	집 실	65p
70	心	心	00	마음 심	163p
80	十	十	00	열 십	32p

ㅇ

급수	한자	부수	획수	대표훈음	페이지
72	安	宀	03	편안 안	169p
70	語	言	07	말씀 어:	84p
70	然	灬(火)	08	그럴 연	191p
80	五	二	02	다섯 오:	26p
72	午	十	02	낮 오:	50p
80	王	王(玉)	00	임금 왕	100p
80	外	夕	02	바깥 외:	115p
72	右	口	02	오를/오른/오른쪽 우:	131p
80	月	月	00	달 월	41p
70	有	月	02	있을 유:	124p
70	育	月(肉)	04	기를 육	74p
70	邑	邑	00	고을 읍	108p
80	二	二	00	두 이:	23p
80	人	人	00	사람 인	173p
80	一	一	00	한 일	22p
80	日	日	00	날 일	40p
70	入	入	00	들 입	148p

ㅈ

급수	한자	부수	획수	대표훈음	페이지
72	子	子	00	아들 자	61p
70	字	子	03	글자 자	89p
72	自	自	00	스스로 자	190p
72	場	土	09	마당 장	112p
80	長	長	00	긴 장(:)	68p
72	全	入	04	온전 전	143p
72	前	刂(刀)	07	앞 전	132p
72	電	雨	05	번개 전:	197p

漢字

(사) 한국어문회 주관 / 한국한자능력검정회 시행

본문학습

❀ 다음 한자의 음과 뜻을 익히고 써보세요.

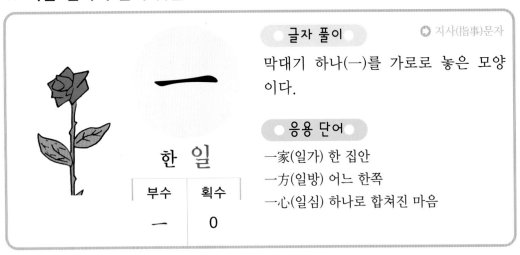

글자 풀이　　　⏺ 지사(指事)문자

막대기 하나(一)를 가로로 놓은 모양이다.

응용 단어

一家(일가) 한 집안
一方(일방) 어느 한쪽
一心(일심) 하나로 합쳐진 마음

한 일

부수	획수
一	0

필순	一					
一	一					
한 일						

❀ 다음 한자의 음을 쓰세요.

설날을 맞아 一家(　　)친척들이 모였습니다.

경희는 너무 一方(　　)적으로 자기 의견만을 고집합니다.

그것도 一年(일년) 내내 가만히 있다가 어버이날만 수선을 떠는 것도 마찬가지고.

✳ 다음 한자의 음과 뜻을 익히고 써보세요.

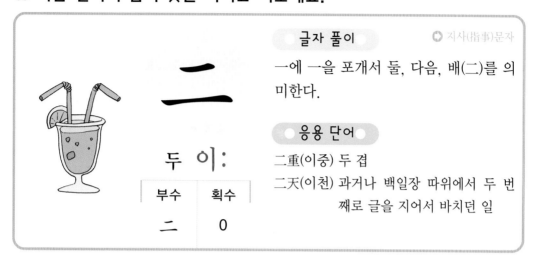

글자 풀이   ○ 지사(指事)문자

一에 一을 포개서 둘, 다음, 배(二)를 의미한다.

응용 단어

二重(이중) 두 겹
二天(이천) 과거나 백일장 따위에서 두 번째로 글을 지어서 바치던 일

두 이 :

부수	획수
二	0

필순	一 二					
二	二					
두 이						

✳ 다음 한자의 음을 쓰세요.

컴퓨터가 고장 나는 바람에 일을 二重
(   )으로 하게 생겼습니다.

二校時(   )가 끝나고 음악실에서
연극연습이 있습니다.

둘째 달은 二月(이월)입니다.

❀ 다음 한자의 음과 뜻을 익히고 써보세요.

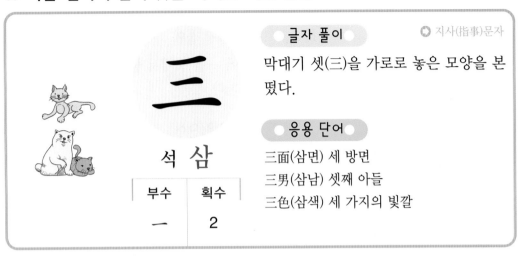

	글자 풀이	⭕ 지사(指事)문자

글자 풀이

막대기 셋(三)을 가로로 놓은 모양을 본 떴다.

응용 단어

三面(삼면) 세 방면
三男(삼남) 셋째 아들
三色(삼색) 세 가지의 빛깔

石 삼

부수	획수
一	2

필순	一 二 三					
三	三					
석 삼						

❀ 다음 한자의 음을 쓰세요.

우리나라는 三面(　　　)이 바다로 싸여 있습니다.

어머니께서 三色(　　　) 저고리치마를 사주셨습니다.

三(삼)·四(사)·五月(오월)은 봄이고, 六(육)·七(칠)·八 月(팔월)은 여름입니다.

❀ 다음 한자의 음과 뜻을 익히고 써보세요.

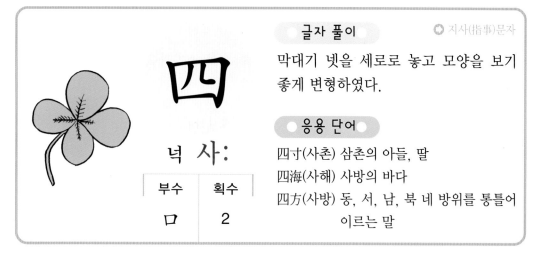

글자 풀이　　　○ 지사(指事)문자

막대기 넷을 세로로 놓고 모양을 보기 좋게 변형하였다.

응용 단어

四寸(사촌) 삼촌의 아들, 딸
四海(사해) 사방의 바다
四方(사방) 동, 서, 남, 북 네 방위를 통틀어 이르는 말

四

넉 사 :

부수	획수
口	2

필순	丨 冂 冂 四 四					
四	四					
넉 사						

❀ 다음 한자의 음을 쓰세요.

밤이 되자 四方(　　)이 깜깜해졌습니다.

이번에 四寸(　　)누나가 다니는 학교로 전학을 하게 되었습니다.

四方(사방)을 둘러보며

✽ 다음 한자의 음과 뜻을 익히고 써보세요.

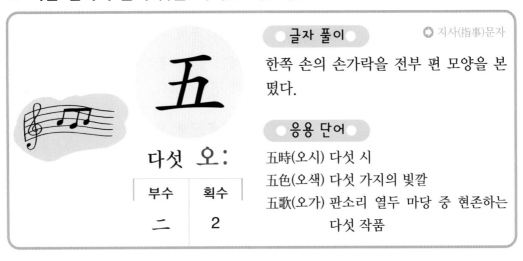

글자 풀이 ◯ 지사(指事)문자

한쪽 손의 손가락을 전부 편 모양을 본 떴다.

응용 단어

五時(오시) 다섯 시
五色(오색) 다섯 가지의 빛깔
五歌(오가) 판소리 열두 마당 중 현존하는 다섯 작품

다섯 오:

부수	획수
二	2

필순	一 丁 五 五				
五	五				
다섯 오					

✽ 다음 한자의 음을 쓰세요.

춘향가 · 심청가 · 수궁가 · 흥부가 · 적벽가 다섯 마당을 일컬어 五歌(　　)라고 합니다.

五色(　　)찬란한 무지개가 하늘 높이 솟았습니다.

三(삼) · 四(사) · 五月(오월)은 봄이고, 六(육) · 七(칠) · 八月(팔월)은 여름입니다.

1. 다음 한자의 음과 뜻을 바르게 연결하세요.

五 ·　　　　· 두 ·　　　　· 사

一 ·　　　　· 다섯 ·　　　　· 이

四 ·　　　　· 한 ·　　　　· 삼

二 ·　　　　· 석 ·　　　　· 일

三 ·　　　　· 넉 ·　　　　· 오

2. 보기에서 한자의 뜻과 음을 골라 쓰세요.

보기　사, 두, 한, 다섯, 이, 넉, 석, 오, 일, 삼

五　뜻　　　　　　음

二　뜻　　　　　　음

一　뜻　　　　　　음

四　뜻　　　　　　음

三　뜻　　　　　　음

3. 다음 한자의 음을 쓰세요.

(1) 一(　)월 四(　)일은 어머니 생신입니다.

(2) 五(　)월은 가정의 달입니다.

(3) 三(　)월 二(　)일은 새학년이 시작되는 날입니다.

다음 한자의 음과 뜻을 익히고 써보세요.

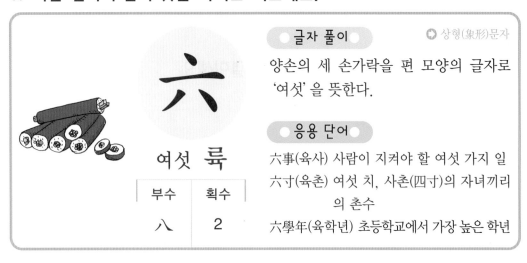

六

여섯 륙

부수	획수
八	2

글자 풀이 ▶ 상형(象形)문자

양손의 세 손가락을 편 모양의 글자로
'여섯'을 뜻한다.

응용 단어

六事(육사) 사람이 지켜야 할 여섯 가지 일
六寸(육촌) 여섯 치, 사촌(四寸)의 자녀끼리
　　　　　의 촌수
六學年(육학년) 초등학교에서 가장 높은 학년

필순	＼	二	六	六		
六	六					
여섯 륙						

다음 한자의 음을 쓰세요.

영호는 六學年(　　　) 형들을 물리치
고 경시대회에서 일등을 했습니다.

六二五(　　　)와 같은 전쟁이 다시는
일어나지 않았으면 좋겠습니다.

오늘은 六月(유월) 六日(육일) 현충일입니다.

✿ 다음 한자의 음과 뜻을 익히고 써보세요.

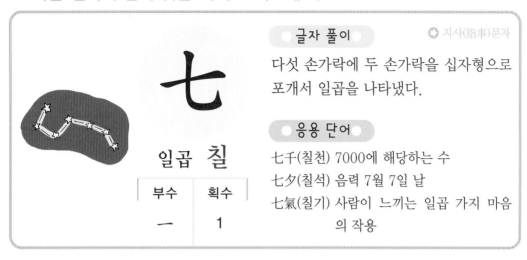

🌀 지사(指事)문자

글자 풀이

다섯 손가락에 두 손가락을 십자형으로
포개서 일곱을 나타냈다.

응용 단어

七千(칠천) 7000에 해당하는 수
七夕(칠석) 음력 7월 7일 날
七氣(칠기) 사람이 느끼는 일곱 가지 마음
　　　　의 작용

일곱 칠

부수	획수
一	1

필순	一 七					
七	七					
일곱 칠						

✿ 다음 한자의 음을 쓰세요.

七夕(　　　)날은 견우와 직녀의 눈물이
비가 되어 내린다고 합니다.

七(　　)은 행운의 숫자라고 합니다.

三(삼)·四(사)·五月(오월)은 봄이고, 六(육)·七(칠)·八
月(팔월)은 여름입니다.

다음 한자의 음과 뜻을 익히고 써보세요.

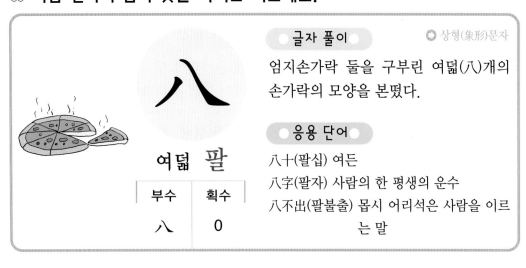

八

여덟 팔

부수	획수
八	0

○ 상형(象形)문자

글자 풀이

엄지손가락 둘을 구부린 여덟(八)개의 손가락의 모양을 본떴다.

응용 단어

八十(팔십) 여든
八字(팔자) 사람의 한 평생의 운수
八不出(팔불출) 몹시 어리석은 사람을 이르는 말

필순	ノ 八				
八	八				
여덟 팔					

다음 한자의 음을 쓰세요.

외삼촌은 매번 아들 자랑을 해서 八不出(   ) 소리를 듣습니다.

할아버지가 살아계셨다면 올해로 八十(   )이 되실 겁니다.

三(삼)·四(사)·五月(오월)은 봄이고, 六(육)·七(칠)·八月(팔월)은 여름입니다.

❀ 다음 한자의 음과 뜻을 익히고 써보세요.

九

아홉 구

부수	획수
乙	1

글자 풀이 ⬤ 상형(象形)문자

1에서 9까지의 숫자 중에서 맨 마지막 숫자로 수가 많은 것을 의미한다.

응용 단어

九地(구지) 땅의 가장 낮은 곳
九天(구천) 가장 높은 하늘
九萬里(구만리) 아득하게 먼 거리를 비유 적으로 이르는 말

필순	ノ 九				
九	九				
아홉 구					

❀ 다음 한자의 음을 쓰세요.

내일이면 九萬里(　　　) 먼 땅으로 가게 됩니다.

오늘은 학교에서 九九(　　　)단을 배 웠습니다.

九(구)·十(십)·十一(십일)월은 가을이고, 十二(십이)·一 (일)·二(이)월은 겨울입니다.

✿ 다음 한자의 음과 뜻을 익히고 써보세요.

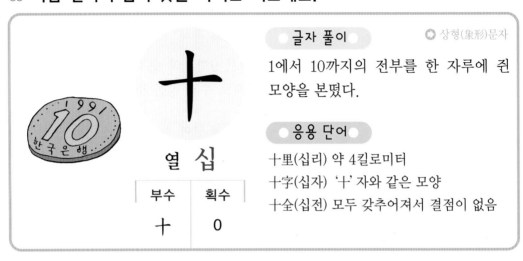

글자 풀이　　◐ 상형(象形)문자

1에서 10까지의 전부를 한 자루에 쥔 모양을 본떴다.

응용 단어

十里(십리) 약 4킬로미터
十字(십자) '十' 자와 같은 모양
十全(십전) 모두 갖추어져서 결점이 없음

열 십

부수	획수
十	0

필순	一 十					
十	十					
열 십						

✿ 다음 한자의 음을 쓰세요.

十字(　　)드라이버 좀 빌려 주세요.

우리 집은 十里(　　) 근방에 아무도 살지 않는 외딴 곳에 있습니다.

九(구)·十(십)·十一(십일)월은 가을이고, 十二(십이)·一(일)·二(이)월은 겨울입니다.

1. 다음 한자의 음과 뜻을 바르게 연결하세요.

十 •   • 여덟 •   • 구

九 •   • 열 •   • 칠

六 •   • 아홉 •   • 팔

八 •   • 일곱 •   • 륙

七 •   • 여섯 •   • 십

2. 보기에서 한자의 뜻과 음을 골라 쓰세요.

보기   구, 일곱, 열, 칠, 팔, 여섯, 십, 륙, 여덟, 아홉

八	뜻		음	
七	뜻		음	
六	뜻		음	
九	뜻		음	
十	뜻		음	

3. 다음 한자의 음을 쓰세요.

(1) 어제 六(   )삼빌딩에 갔습니다.

(2) 八(   )월 十(   )오일은 남동생 생일입니다.

(3) 七(   )월부터 덥다고 합니다.

❀ 다음 한자의 음과 뜻을 익히고 써보세요.

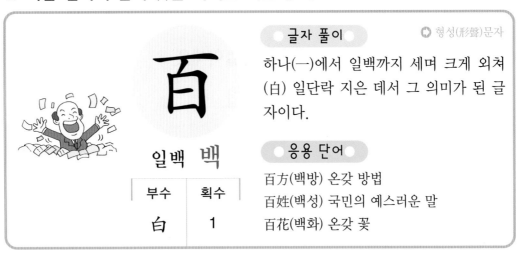

글자 풀이 ● 형성(形聲)문자

하나(一)에서 일백까지 세며 크게 외쳐 (白) 일단락 지은 데서 그 의미가 된 글 자이다.

百

일백 백

부수	획수
白	1

응용 단어

百方(백방) 온갖 방법
百姓(백성) 국민의 예스러운 말
百花(백화) 온갖 꽃

필순	一 一 T T 万 百 百					
百 일백 백	百					

❀ 다음 한자의 음을 쓰세요.

봄이 되자 百花(　　)가 만발하였습 니다.

눈이 오자 數百(　　)명의 學生(　　) 들이 운동장으로 뛰어 나왔습니다.

너희들은 오늘부터 다른 것은 아무 것도 먹지 말고, 百日 (백일)동안 이 쑥과 마늘만 먹어야 한다.

�֎ 다음 한자의 음과 뜻을 익히고 써보세요.

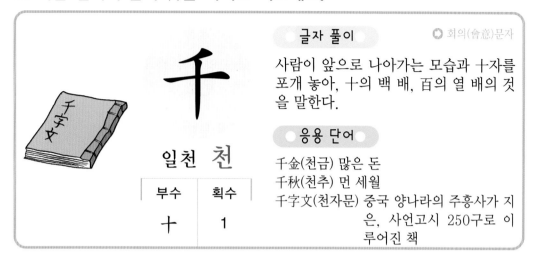

글자 풀이

◯ 회의(會意)문자

사람이 앞으로 나아가는 모습과 十자를 포개 놓아, 十의 백 배, 百의 열 배의 것을 말한다.

응용 단어

千金(천금) 많은 돈
千秋(천추) 먼 세월
千字文(천자문) 중국 양나라의 주흥사가 지은, 사언고시 250구로 이루어진 책

일천 천

부수	획수
十	1

필순	´ 二 千				
千	千				
일천 천					

✖ 다음 한자의 음을 쓰세요.

젊어서의 고생은 千金(   )을 주고도 못산다고 합니다.

영수는 지리산 청학동에서 千字文(   )을 배웠습니다.

환웅은 무리 三千(삼천)을 거느리고, 지구상에서 가장 성스러운 백두산 꼭대기 박달나무 밑으로 내려왔습니다.

❀ 다음 한자의 음과 뜻을 익히고 써보세요.

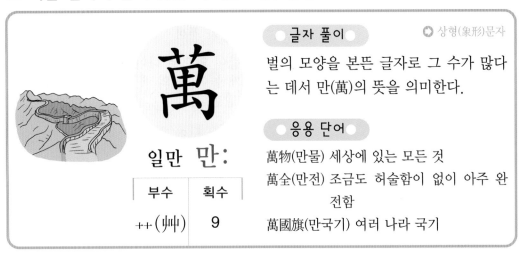

萬

일만 만:

◯ 상형(象形)문자

글자 풀이

벌의 모양을 본뜬 글자로 그 수가 많다는 데서 만(萬)의 뜻을 의미한다.

응용 단어

萬物(만물) 세상에 있는 모든 것
萬全(만전) 조금도 허술함이 없이 아주 완전함
萬國旗(만국기) 여러 나라 국기

부수	획수
⁺⁺(艸)	9

필순	一 十 卄 芇 芇 苎 苩 苗 苩 莒 萬 萬 萬				
萬 일만 만	萬				

❀ 다음 한자의 음을 쓰세요.

모두들 이번 학예회에 萬全(   )을 기하고 있습니다.

세상의 모든 萬物(   )은 생명을 가지고 있습니다.

운동장에는 하얀 줄이 쳐 있고 萬國旗(만국기)가 바람에 펄럭입니다.

❀ 다음 한자의 음과 뜻을 익히고 써보세요.

算

셈 산:

부수	획수
竹	8

◐ 회의(會意)문자

글자 풀이

조개(貝)를 양손(廾)에 갖고 조개 장난을 하듯이 대나무(竹) 막대로 수를 센다(算)는 뜻이다.

응용 단어

算出(산출) 계산하여 냄
心算(심산) 속셈
口算(구산) 입으로 계산함

필순	ノ ケ ゲ ゲ ゲ 竹 竹 竹 筲 筲 筲 算 算
算	算
셈 산	

❀ 다음 한자의 음을 쓰세요.

네가 오늘 오지 않을 心算(　　)인지 알고 있었다.

이자를 算出(　　)해 보니, 아무래도 많이 받지 못하는 것 같다.

철수는 算數(산수)를 어려워 한다.

❀ 다음 한자의 음과 뜻을 익히고 써보세요.

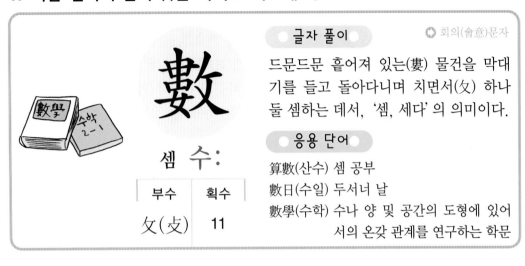

글자 풀이　　　● 회의(會意)문자

드문드문 흩어져 있는(婁) 물건을 막대기를 들고 돌아다니며 치면서(攵) 하나 둘 셈하는 데서, '셈, 세다'의 의미이다.

응용 단어

算數(산수) 셈 공부
數日(수일) 두서너 날
數學(수학) 수나 양 및 공간의 도형에 있어서의 온갖 관계를 연구하는 학문

數

셈 수 :

부수	획수
攵(攴)	11

필순	丶 冂 𦥯 𦥯 𦥯 𦥯 𦥯 曲 婁 婁 婁 數 數 數 數

數	數				
셈 수					

❀ 다음 한자의 음을 쓰세요.

농구 경기장에는 數萬(　　　)의 사람들이 모여들었습니다.

자신이 스스로 하나씩 문제를 풀다보면 數學(　　　)에도 재미를 느낄 수 있습니다.

이 책은 나에게 數(수)많은 새로운 사실을 알려 주었습니다.

1. 다음 한자의 음과 뜻을 바르게 연결하세요.

百 ·　　　　　· 일천 ·　　　　　· 수

算 ·　　　　　· 셈 ·　　　　　· 백

萬 ·　　　　　· 일백 ·　　　　　· 산

數 ·　　　　　· 일만 ·　　　　　· 만

千 ·　　　　　· 셈 ·　　　　　· 천

2. 보기에서 한자의 뜻과 음을 골라 쓰세요.

보기: 일만, 셈, 천, 백, 일천, 셈, 일백, 산, 수, 만

萬 뜻 _____ 음 _____

百 뜻 _____ 음 _____

算 뜻 _____ 음 _____

千 뜻 _____ 음 _____

數 뜻 _____ 음 _____

3. 다음 한자의 음을 쓰세요.

(1) 百(　　)년 된 산삼을 구했습니다.

(2) 나는 계算(　　)에 약합니다.

(3) 은숙이는 數(　　)학을 잘 합니다.

❀ 다음 한자의 음과 뜻을 익히고 써보세요.

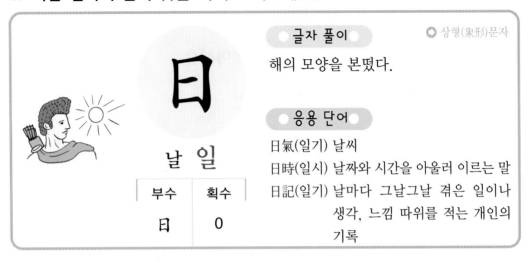

글자 풀이

해의 모양을 본떴다.

○ 상형(象形)문자

날 일

부수	획수
日	0

응용 단어

日氣(일기) 날씨
日時(일시) 날짜와 시간을 아울러 이르는 말
日記(일기) 날마다 그날그날 겪은 일이나
생각, 느낌 따위를 적는 개인의
기록

필순	ㅣ 冂 冃 日				
日	日				
날 일					

❀ 다음 한자의 음을 쓰세요.

日氣(　　　)예보에서 내일부터 따뜻해질
거라고 했습니다.

어제는 깜박하고 日記(　　　)를 쓰지
못 했습니다.

모이는 뜻과 日時(일시)만 알렸으니, 어디로 모이란 말인
가?

❀ 다음 한자의 음과 뜻을 익히고 써보세요.

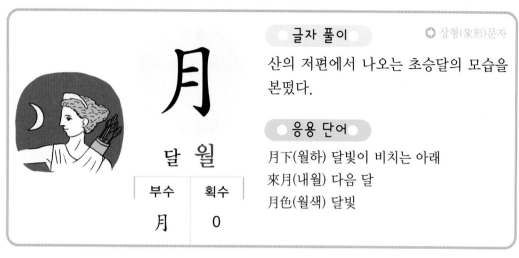

글자 풀이　　　　　◯ 상형(象形)문자

산의 저편에서 나오는 초승달의 모습을 본떴다.

응용 단어

月下(월하) 달빛이 비치는 아래
來月(내월) 다음 달
月色(월색) 달빛

月

달 월

부수	획수
月	0

필순	ノ 几 月 月					
月	月					
달 월						

❀ 다음 한자의 음을 쓰세요.

이모는 來月(　　)에 결혼을 하십니다.　　月下(　　)에 한 노인이 나무에 기대어 있었습니다.

할머니께서 가장 좋아하시는 계절인 푸르른 5月(월)이 왔습니다.

❀ 다음 한자의 음과 뜻을 익히고 써보세요.

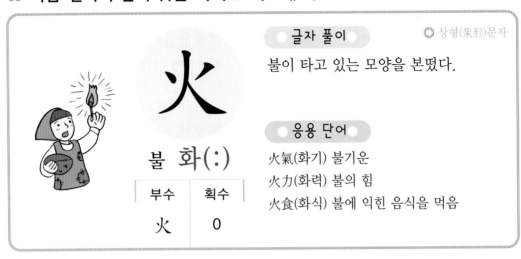

글자 풀이 ✪ 상형(象形)문자

불이 타고 있는 모양을 본떴다.

火

불 화(:)

응용 단어

火氣(화기) 불기운
火力(화력) 불의 힘
火食(화식) 불에 익힌 음식을 먹음

부수	획수
火	0

필순	、 ゙ゝ ゾ 火					
火	火					
불 화						

❀ 다음 한자의 음을 쓰세요.

옛날 원시인들은 火食(　　)을 하지 않았다고 합니다.

이 가스렌지는 火力(　　)이 너무 세서 위험합니다.

日(일)요일, 月(월)요일, 火(화)요일, 水(수)요일, 木(목)요일, 金(금)요일, 土(토)요일이 있습니다.

✿ 다음 한자의 음과 뜻을 익히고 써보세요.

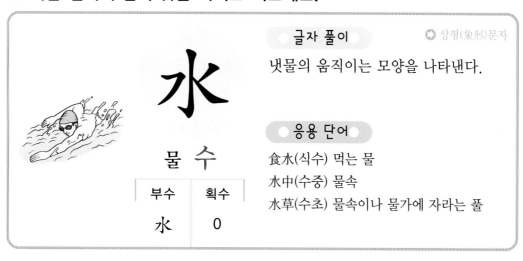

글자 풀이　　　　　⬤ 상형(象形)문자

냇물의 움직이는 모양을 나타낸다.

응용 단어

食水(식수) 먹는 물
水中(수중) 물속
水草(수초) 물속이나 물가에 자라는 풀

물 수

부수	획수
水	0

필순	亅 丁 才 水 水				
水	水				
물 수					

✿ 다음 한자의 음을 쓰세요.

이 우물은 동네 사람들의 食水(　　)로 쓰이고 있습니다.

백조들이 水中(　　)에 미끄러지듯 날아와 앉았습니다.

그러나 우리 水軍(수군)은 적진의 한가운데로 뚫고 들어갔습니다.

❀ 다음 한자의 음과 뜻을 익히고 써보세요.

● 글자 풀이 ● ⟳ 상형(象形)문자

나무의 모양을 본떴다.

木

나무 목

부수	획수
木	0

● 응용 단어 ●

木工(목공) 나무를 다루어서 물건을 만드는 일
木花(목화) 솜을 만드는 식물
木手(목수) 나무를 다듬어 집이나 물건을
　　　　　만드는 사람

필순	一 十 才 木				
木 나무 목	木				

❀ 다음 한자의 음을 쓰세요.

어머니께서 木花(　　)솜으로 만든 이
불을 사주셨습니다.

木手(　　)아저씨는 정성스레 나무를
다듬었습니다.

"오늘부터 여러 장수들은 배를 만드는 木手(목수)들을 모
아 이 설계도대로 배를 만드시오!"

1. 다음 한자의 음과 뜻을 바르게 연결하세요.

火 •   • 날 •   • 수

日 •   • 나무 •   • 월

水 •   • 물 •   • 일

木 •   • 달 •   • 화

月 •   • 불 •   • 목

2. 보기에서 한자의 뜻과 음을 골라 쓰세요.

보기: 달, 목, 화, 불, 나무, 물, 날, 일, 월, 수

한자	뜻	음
月		
木		
火		
水		
日		

3. 다음 한자의 음을 쓰세요.

(1) 水(　)영을 할 줄 모릅니다.

(2) 낮에 日(　)식이 있었습니다.

(3) 火(　)성은 태양에서 네 번째 행성입니다.

❀ 다음 한자의 음과 뜻을 익히고 써보세요.

쇠 금/성 김

부수	획수
金	0

◐ 형성(形聲)문자

글자 풀이

산에 보석이 있는 모양에서 금, 금전(金)을 의미한다.

응용 단어

金色(금색) 금빛
千金(천금) 많은 돈과 귀중한 가치의 비유
入金(입금) 은행 따위에 예금하거나 빚을
　　　　　갚기 위하여 돈을 들여 놓는 일

필순	ノ 人 仝 仝 全 全 金 金				
金 쇠 금	金				

❀ 다음 한자의 음을 쓰세요.

세뱃돈을 모두 은행에 入金(　　)했습니다.

건강은 千金(　　)을 주고도 살 수 없다고 합니다.

바다에도 해님이 살지 金(금)빛 파도 출렁

❈ 다음 한자의 음과 뜻을 익히고 써보세요.

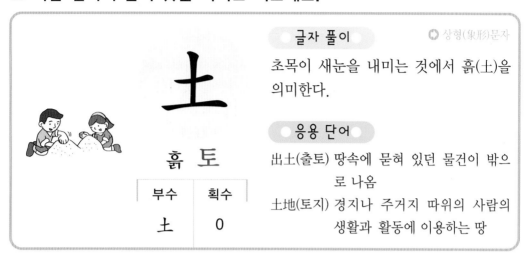

글자 풀이 ◐ 상형(象形)문자

초목이 새눈을 내미는 것에서 흙(土)을 의미한다.

응용 단어

出土(출토) 땅속에 묻혀 있던 물건이 밖으로 나옴

土地(토지) 경지나 주거지 따위의 사람의 생활과 활동에 이용하는 땅

흙 토

부수	획수
土	0

필순	一 十 土					
土	土					
흙 토						

❈ 다음 한자의 음을 쓰세요.

우리 동네에서 신라시대의 유물이 出土(　　)되었습니다.

얼마 전까지 못쓰던 土地(　　)가 밭이 되었습니다.

6·25로 國土(국토)는 쑥밭이 되고 많은 사람들이 죽고 다치고 고생을 하였습니다.

❀ 다음 한자의 음과 뜻을 익히고 써보세요.

글자 풀이   ○ 형성(形聲)문자

벼가 결실해서 사람에게 수확되기까지의 기간을 뜻하는 것으로 한 해, 세월을 의미한다.

응용 단어

年間(연간) 한 해 동안
平年(평년) 풍년도 흉년도 아닌 보통 수확을 올린 해
少年(소년) 아직 완전히 성숙하지 않은 어린 사내아이

年
해 년

부수	획수
干	3

필순	ノ ㇒ ㇠ ㇥ ㇤ 年					
年	年					
해 년						

❀ 다음 한자의 음을 쓰세요.

올해 농사는 가뭄이 길어 걱정했지만 다행히 平年(　　)수준은 되었습니다.

징검다리 가운데 한 少年(　　)이 서 있었습니다.

싸움은 7年(년)이나 걸렸지만 왜군은 바다에서는 이순신 때문에 꼼짝하지 못하였습니다.

❀ 다음 한자의 음과 뜻을 익히고 써보세요.

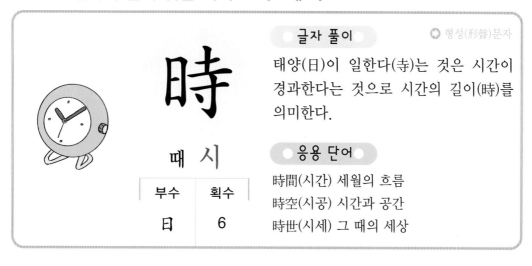

時

때 시

부수	획수
日	6

◐ 글자 풀이

○ 형성(形聲)문자

태양(日)이 일한다(寺)는 것은 시간이 경과한다는 것으로 시간의 길이(時)를 의미한다.

◐ 응용 단어

時間(시간) 세월의 흐름
時空(시공) 시간과 공간
時世(시세) 그 때의 세상

필순	丨 刀 刀 日 日⁻ 日⁺ 日⁺ 日⁺ 時 時

時	時				
때 시					

❀ 다음 한자의 음을 쓰세요.

우리는 時空(　　)을 초월하는 공상 과학 영화를 많이 봅니다.

어린아이들은 아직 時世(　　)를 파악하질 못합니다.

셋째는 모이는 날짜와 時間(시간)을 알려주세요.

다음 한자의 음과 뜻을 익히고 써보세요.

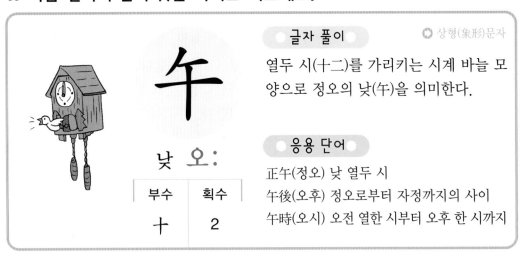

午

낮 오:

부수	획수
十	2

글자 풀이　　　○ 상형(象形)문자

열두 시(十二)를 가리키는 시계 바늘 모양으로 정오의 낮(午)을 의미한다.

응용 단어

正午(정오) 낮 열두 시
午後(오후) 정오로부터 자정까지의 사이
午時(오시) 오전 열한 시부터 오후 한 시까지

필순	ノ　 ノ　 ニ　 午					
午	午					
낮 오						

다음 한자의 음을 쓰세요.

午後(　　　)에 어머니와 눈썰매 타러 가기로 했습니다.

소풍가서 正午(　　　)가 되면 점심시간을 알리는 방송이 나옵니다.

날짜 : 5月(월) 18日(일) 午後(오후) 2時(시)

확인학습5

1. 다음 한자의 음과 뜻을 바르게 연결하세요.

午 ·　　　 · 해 · 　　　 · 금

金 ·　　　 · 쇠 · 　　　 · 시

時 ·　　　 · 흙 · 　　　 · 오

土 ·　　　 · 때 · 　　　 · 년

年 ·　　　 · 낮 · 　　　 · 토

2. 보기에서 한자의 뜻과 음을 골라 쓰세요.

보기 　때, 낮, 금, 해, 쇠, 년, 토, 시, 오, 흙

金　뜻　　　　　　　　　　음

時　뜻　　　　　　　　　　음

土　뜻　　　　　　　　　　음

午　뜻　　　　　　　　　　음

年　뜻　　　　　　　　　　음

3. 다음 한자의 음을 쓰세요.

(1) 이제 時(　)간이 얼마 남지 않았습니다.

(2) 매年(　) 운동회 날이면 계주선수로 뛰었습니다.

(3) 金(　)은보화보다 건강이 더 소중합니다.

✿ 다음 한자의 음과 뜻을 익히고 써보세요.

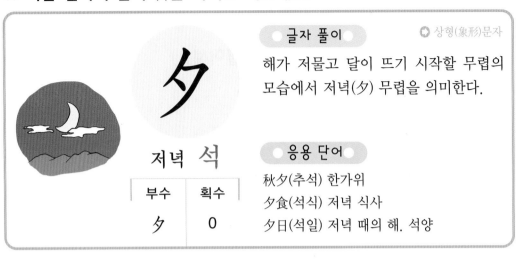

글자 풀이 ● 상형(象形)문자

해가 저물고 달이 뜨기 시작할 무렵의 모습에서 저녁(夕) 무렵을 의미한다.

夕

저녁 석

부수	획수
夕	0

응용 단어

秋夕(추석) 한가위
夕食(석식) 저녁 식사
夕日(석일) 저녁 때의 해. 석양

필순	╱ ╱ 夕						
夕	夕						
저녁 석							

✿ 다음 한자의 음을 쓰세요.

곧 夕食(　　　)을 올릴 테니 기다려 주시기 바랍니다.

요번 秋夕(　　　)에는 보름달이 유난히 환합니다.

七月(칠월) 七夕(칠석)날에는 비가 많이 옵니다.

※ 다음 한자의 음과 뜻을 익히고 써보세요.

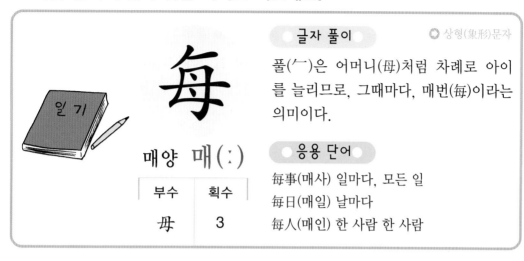

글자 풀이 ○ 상형(象形)문자

풀(宀)은 어머니(母)처럼 차례로 아이를 늘리므로, 그때마다, 매번(每)이라는 의미이다.

每

매양 매(:)

부수	획수
母	3

응용 단어

每事(매사) 일마다, 모든 일
每日(매일) 날마다
每人(매인) 한 사람 한 사람

필순	ノ ✓ ㄷ 与 每 每 每

每	每				
매양 매					

※ 다음 한자의 음을 쓰세요.

양치질은 每日每日(   ), 하루에
세 번, 한 번에 3분씩

그렇게 행동하는 데에는 每人(   )마다의
이유가 있을 테니 너무 서운해 하지 말아라.

어머니는 每日(매일) 이웃 마을에 가서 일을 해 주시고 양
식을 얻어 오셨습니다.

❀ 다음 한자의 음과 뜻을 익히고 써보세요.

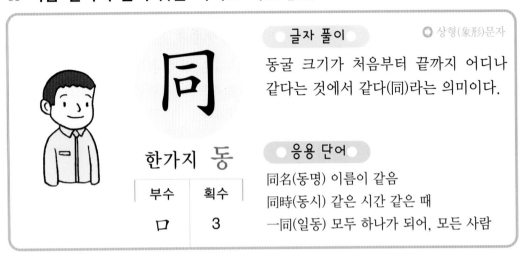

글자 풀이 ● 상형(象形)문자

동굴 크기가 처음부터 끝까지 어디나 같다는 것에서 같다(同)라는 의미이다.

한가지 **동**

부수	획수
口	3

응용 단어

同名(동명) 이름이 같음
同時(동시) 같은 시간 같은 때
一同(일동) 모두 하나가 되어, 모든 사람

필순	丨 冂 冂 同 同 同				
同	同				
한가지 동					

❀ 다음 한자의 음을 쓰세요.

우리 반 學生( )一同( )은 스승의 날에 선생님들께 꽃을 달아 드렸습니다.

아버지와 나는 같은 中學校( ) 同門( )입니다.

상우의 同生(동생), 어머니, 아버지는 어떻게 지내고 있나요?

❀ 다음 한자의 음과 뜻을 익히고 써보세요.

父

아비 부

부수	획수
父	0

● 상형(象形)문자

글자 풀이

도끼를 갖고 짐승을 잡으러 가는 어른의 모습에서, 그 집의 주인이므로 아버지(父)를 의미한다.

응용 단어

父子(부자) 아버지와 아들
祖父(조부) 할아버지
老父(노부) 늙은 아버지

필순	ノ ハ グ 父					
父	父					
아비 부						

❀ 다음 한자의 음을 쓰세요.

우리 父子(　　　)는 누가 봐도 똑같이 생겼습니다.

오늘은 祖父(　　　)님의 제사가 있습니다.

父母(부모)님께 하는 효도는 항상 감사하는 마음을 가지고 기쁘게 해 드리면 되는 거야.

❀ 다음 한자의 음과 뜻을 익히고 써보세요.

母

어미 모:

부수	획수
毋	1

글자 풀이 ◐ 지사(指事)문자

여인이 성장하여 성인이 되면 젖무덤이 붙는 형태가 되어 엄마, 어머니(母)를 의미한다.

응용 단어

母女(모녀) 어머니와 딸

食母(식모) 남의 집에 고용되어 주로 부엌일을 맡아 하는 여자

필순	ㄴ 𠃌 𠮛 母 母					
母	母					
어미 모						

❀ 다음 한자의 음을 쓰세요.

그 집 母女(　　)는 늘 사이가 좋습니다.

신데렐라는 매일 食母(　　)처럼 집안일을 해야 했습니다.

이와 같이 父母(부모)님께 하는 효도는 쉽고 가까운 데 있어서 누구나 다 알고 있단다.

1. 다음 한자의 음과 뜻을 바르게 연결하세요.

每 •	• 한가지 •	• 부
夕 •	• 어미 •	• 매
同 •	• 저녁 •	• 석
母 •	• 매양 •	• 모
父 •	• 아비 •	• 동

2. 보기에서 한자의 뜻과 음을 골라 쓰세요.

보기 동, 모, 아비, 저녁, 한가지, 석, 부, 어미, 매, 매양

母	뜻		음	
同	뜻		음	
夕	뜻		음	
父	뜻		음	
每	뜻		음	

3. 다음 한자의 음을 쓰세요.

(1) 父母(   )님께 작별 인사를 드렸습니다.

(2) 성준이는 每(   )번 말썽을 피워 선생님을 힘들게 합니다.

(3) 나와 정숙이는 同(   )급생입니다.

❀ 다음 한자의 음과 뜻을 익히고 써보세요.

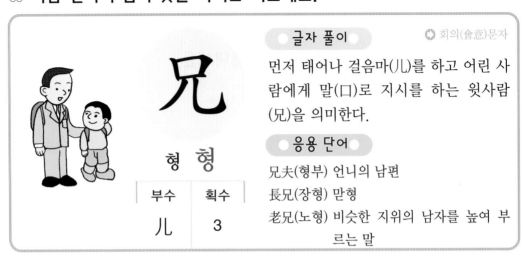

글자 풀이 ⟶ 회의(會意)문자

먼저 태어나 걸음마(儿)를 하고 어린 사람에게 말(口)로 지시를 하는 윗사람(兄)을 의미한다.

응용 단어

兄夫(형부) 언니의 남편
長兄(장형) 맏형
老兄(노형) 비슷한 지위의 남자를 높여 부르는 말

兄

형 형

부수	획수
儿	3

필순	` 丨 冂 口 尸 兄`				
兄	兄				
형 형					

❀ 다음 한자의 음을 쓰세요.

나도 이제 兄夫(　　)가 생겼습니다.

老兄(　　)은 고향이 어디십니까?

우리는 한 겨레, 한 兄弟(형제)입니다.

❀ 다음 한자의 음과 뜻을 익히고 써보세요.

弟

아우 제:

부수	획수
弓	4

○ 상형(象形)문자

글자 풀이

끈을 위에서 밑으로 빙빙 감듯이 차례 차례 태어나는 남동생(弟)을 의미한다.

응용 단어

弟子(제자) 선생에게 배우는 사람들
弟夫(제부) 여동생의 남편
三兄弟(삼형제) 아들이 세 명

필순	丶 丷 丷 弍 弍 弟 弟					
弟 아우 제	弟					

❀ 다음 한자의 음을 쓰세요.

옛날 아기돼지 三兄弟(　　　)가 살았습니다.

공자 선생님께는 많은 弟子(　　　)가 있었습니다.

> 우리는 한 겨레, 한 兄弟(형제)입니다.

❀ 다음 한자의 음과 뜻을 익히고 써보세요.

祖

할아비 조

부수	획수
示	5

글자 풀이 ● 형성(形聲)문자

이미(且) 이 세상에 없는 몇 대 이전의 선조를 제사하(示)는 것에서 조상(祖)을 의미한다.

응용 단어

先祖(선조) 먼저 산 조상
祖國(조국) 조상 때부터 대대로 살던 나라
祖父母(조부모) 할아버지와 할머니

필순	ˉ ˉ ｙ ｙ 示 丽 和 和 祖 祖
祖	祖
할아비 조	

❀ 다음 한자의 음을 쓰세요.

이번 여행에는 祖父母(   )님을 모시고 가기로 했습니다.

설날 先祖(   )들의 묘소를 찾아 성묘를 합니다.

오늘은 外祖母(외조모)제삿날 입니다.

❀ 다음 한자의 음과 뜻을 익히고 써보세요.

글자 풀이 　　🔵 상형(象形)문자

갓난 아기(子)의 모양을 본떴다.

응용 단어

子女(자녀) 아들과 딸
子正(자정) 밤 12시
天子(천자) 황제를 일컬음

아들 자

부수	획수
子	0

필순	ˀ 了 子				
子	子				
아들 자					

❀ 다음 한자의 음을 쓰세요.

선생님께서는 子弟(　　)가 얼마나 되시는지요?

제 동생 두 살짜리 철이는 子正(　　)이 넘어서야 잠이 들었습니다.

철수는 동네 사람들에게 孝子(효자)라는 소리를 듣습니다.

❀ 다음 한자의 음과 뜻을 익히고 써보세요.

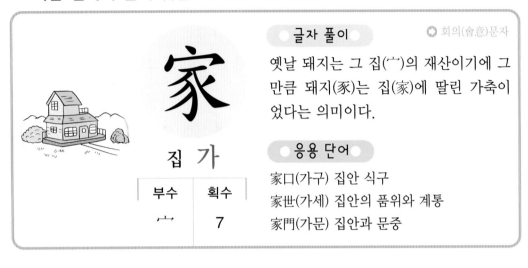

家

집 가

부수	획수
宀	7

글자 풀이

회의(會意)문자

옛날 돼지는 그 집(宀)의 재산이기에 그만큼 돼지(豕)는 집(家)에 딸린 가축이었다는 의미이다.

응용 단어

家口(가구) 집안 식구
家世(가세) 집안의 품위와 계통
家門(가문) 집안과 문중

필순	丶 丶 宀 宀 宁 宇 家 家 家 家					
家	家					
집 가						

❀ 다음 한자의 음을 쓰세요.

저는 열심히 공부해서 장차 家門(　　)을 빛낼 훌륭한 사람이 되겠습니다.

우리 집의 家長(　　)은 아빠입니다.

작은 자동차에는 빨리 달리는 경기용 자동차가 있고, 自家用(자가용)으로 쓰이는 승용차와 손님을 실어 나르는 택시가 있습니다.

1. 다음 한자의 음과 뜻을 바르게 연결하세요.

弟 •   • 할아비 •   • 자

祖 •   • 아들 •   • 제

家 •   • 아우 •   • 조

兄 •   • 집 •   • 형

子 •   • 형 •   • 가

2. 보기에서 한자의 뜻과 음을 골라 쓰세요.

보기	형, 아들, 자, 할아비, 제, 아우, 조, 형, 집, 가

家   뜻 [   ]   음 [   ]

祖   뜻 [   ]   음 [   ]

弟   뜻 [   ]   음 [   ]

兄   뜻 [   ]   음 [   ]

子   뜻 [   ]   음 [   ]

3. 다음 한자의 음을 쓰세요.

(1) 우리 家(   )족은 부산에서 서울로 이사를 왔습니다.

(2) 나는 쌍둥이 兄(   )이 있습니다.

(3) 祖(   )상님께 제를 올렸습니다.

❀ 다음 한자의 음과 뜻을 익히고 써보세요.

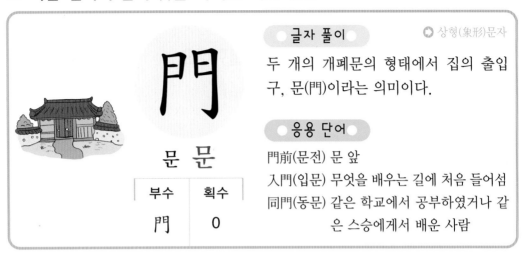

글자 풀이　　　　　ㅇ 상형(象形)문자

두 개의 개폐문의 형태에서 집의 출입구, 문(門)이라는 의미이다.

응용 단어

門前(문전) 문 앞
入門(입문) 무엇을 배우는 길에 처음 들어섬
同門(동문) 같은 학교에서 공부하였거나 같은 스승에게서 배운 사람

門

문 문

부수	획수
門	0

필순	丨 冂 冃 冃 冃 冃 門 門 門				
門	門				
문 문					

❀ 다음 한자의 음을 쓰세요.

흥부는 결국 놀부집 門前(　　)에서
쫓겨났습니다.

형과 나는 同門(　　)입니다.

장난감 같은 校門(교문)으로 재잘재잘 떠들며 날아 나오지요.

다음 한자의 음과 뜻을 익히고 써보세요.

室

집 실

부수	획수
宀	6

글자 풀이   ○ 형성(形聲)문자

사람이 잠자는 침실은 집(宀) 안쪽에 있는(至) 것에서 방, 거처(室)를 의미한다.

응용 단어

家室(가실) 집 안이나 안방
室長(실장) 부서의 우두머리
地下室(지하실) 어떤 건물 아래에 땅을 파고 만들어 놓은 방

필순	`丶 宀 宀 宀 宀 宀 室 室 室				
室 집 실	室				

다음 한자의 음을 쓰세요.

축구공은 地下室(　　　)에 있습니다.

어머니는 室長(　　　)으로 승진하셨습니다.

선생님은 敎室(교실)에 혼자 계셨습니다.

❀ 다음 한자의 음과 뜻을 익히고 써보세요.

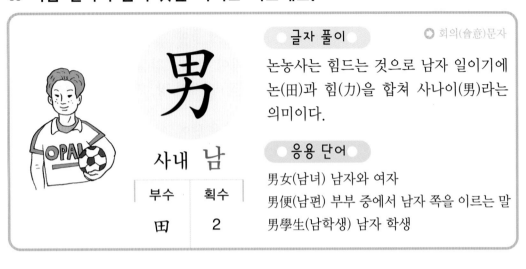

글자 풀이

◉ 회의(會意)문자

논농사는 힘드는 것으로 남자 일이기에 논(田)과 힘(力)을 합쳐 사나이(男)라는 의미이다.

男

사내 남

부수	획수
田	2

응용 단어

男女(남녀) 남자와 여자
男便(남편) 부부 중에서 남자 쪽을 이르는 말
男學生(남학생) 남자 학생

필순	ㄱ 冂 冃 田 田 甲 男				
男 사내 남	男				

❀ 다음 한자의 음을 쓰세요.

매일 자전거를 타고 지나가던 그 男學生(　　　)이 오늘은 보이지 않았습니다.

요즘은 핵가족화가 되면서 대부분 長男(　　　)이 막내인 경우가 많습니다.

男子(남자)답게 씩씩한 걸음걸이

❀ 다음 한자의 음과 뜻을 익히고 써보세요.

글자 풀이 ○ 상형(象形)문자

손을 앞으로 끼고 무릎 꿇고 있는 부드러운 모습에서 여자, 처녀(女)를 의미한다.

계집 녀

부수	획수
女	0

응용 단어

女子(여자) 여성인 사람
少女(소녀) 아직 완전히 성숙하지 않은 어린 여자아이
女同生(여동생) 여자 동생

필순	く 　 女 女					
女	女					
계집 녀						

❀ 다음 한자의 음을 쓰세요.

제 女同生(　　　)이 유치원에 입학했습니다.

옆집에 예쁜 女子(　　　)아이가 이사를 왔습니다.

사진에는 옥이만한 女子(여자)아이가 있었습니다.

※ 다음 한자의 음과 뜻을 익히고 써보세요.

글자 풀이 · 상형(象形)문자

지팡이를 짚은 노인의 모습을 본떴다.

長

긴 장(:)

부수	획수
長	0

응용 단어

長老(장로) 나이가 많고 학문과 덕이 높은 사람

市長(시장) 지방 자치 단체인 시의 책임자

長命(장명) 목숨이 긺. 또는 긴 수명

필순	丨 丆 丆 丆 丆 트 트 튽 長

長	長				
긴 장					

※ 다음 한자의 음을 쓰세요.

마을 어른들이 長老(　　　)회의를 열었습니다.

거북이는 長命(　　　)하는 동물로 유명합니다.

校長(교장) 先生(선생)님께서 말씀하셨습니다.

1. 다음 한자의 음과 뜻을 바르게 연결하세요.

室 •   • 문 •   • 남

門 •   • 사내 •   • 실

男 •   • 집 •   • 문

長 •   • 계집 •   • 장

女 •   • 긴 •   • 녀

2. 보기에서 한자의 뜻과 음을 골라 쓰세요.

보기: 문, 장, 녀, 남, 사내, 계집, 실, 집, 문, 긴

門	뜻		음	
女	뜻		음	
室	뜻		음	
男	뜻		음	
長	뜻		음	

3. 다음 한자의 음을 쓰세요.

(1) 門(　)밖에 누가 온 것 같습니다.

(2) 男(　)학생들은 책상을 좀 옮겨 주십시오.

(3) 이번 학기 반長(　)을 뽑는 선거를 하였습니다.

❀ 다음 한자의 음과 뜻을 익히고 써보세요.

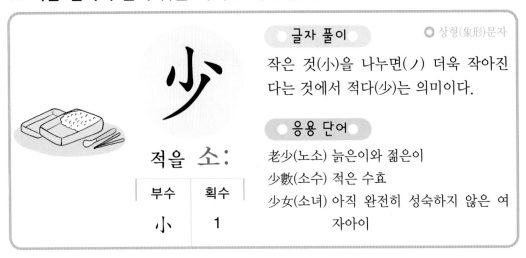

글자 풀이 ◉ 상형(象形)문자

작은 것(小)을 나누면(丿) 더욱 작아진다는 것에서 적다(少)는 의미이다.

응용 단어

老少(노소) 늙은이와 젊은이
少數(소수) 적은 수효
少女(소녀) 아직 완전히 성숙하지 않은 여자아이

적을 소:

부수	획수
小	1

필순	丿 小 小 少					
少	少					
적을 소						

❀ 다음 한자의 음을 쓰세요.

세발 달리기에는 老少(   )에 상관없이 모두 참가해 주시기 바랍니다.

少數(   )만이 모였지만 행사를 진행해야 하지 않을까요?

두 少年(소년)이 한 마을에 살았습니다.

❀ 다음 한자의 음과 뜻을 익히고 써보세요.

夫

지아비 부

부수	획수
大	1

글자 풀이
🔵 지사(指事)문자

갓을 쓴 사내의 모양으로 지아비, 사내 (夫)를 의미한다.

응용 단어

工夫(공부) 학문이나 기술을 배우고 익힘
人夫(인부) 품삯을 받고 쓰이는 사람
夫人(부인) 남의 아내를 일컫는 존칭어

필순	一 二 声 夫					
夫 지아비 부	夫					

❀ 다음 한자의 음을 쓰세요.

건설현장의 人夫(　　)로 일하려면 새 벽 일찍 인력시장에 나가서 차례를 기 다려야 합니다.

夫人(　　)께서는 오늘 오지 못하시 는가 보군요.

노인은 어떤 農夫(농부)에게 소가 된 사나이를 팔았습니다.

❀ 다음 한자의 음과 뜻을 익히고 써보세요.

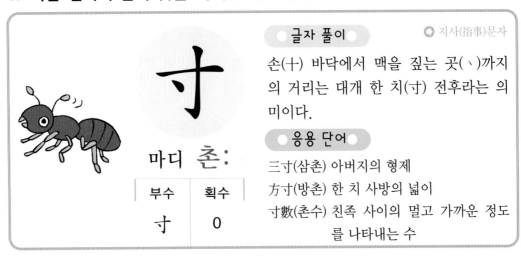

글자 풀이 ○ 지사(指事)문자

손(十) 바닥에서 맥을 짚는 곳(丶)까지의 거리는 대개 한 치(寸) 전후라는 의미이다.

응용 단어

三寸(삼촌) 아버지의 형제
方寸(방촌) 한 치 사방의 넓이
寸數(촌수) 친족 사이의 멀고 가까운 정도를 나타내는 수

마디 촌:

부수	획수
寸	0

필순	一 寸 寸					
寸	寸					
마디 촌						

❀ 다음 한자의 음을 쓰세요.

나이는 어리지만 寸數(   )는 내가 더 높습니다.

三寸(   )과 함께 자전거를 탔습니다.

할아버지, 할머니, 아버지, 어머니, 三寸(삼촌)이 계십니다.

✿ 다음 한자의 음과 뜻을 익히고 써보세요.

孝

효도 효:

부수	획수
子	4

글자 풀이

🔷 회의(會意)문자

자식(子)이 나이든 부모(耂)를 등에 진 형태에서 효도하다(孝)라는 의미이다.

응용 단어

不孝(불효) 효도를 하지 않음
孝子(효자) 부모를 잘 섬기는 아들
孝道(효도) 부모를 잘 섬기는 도리

필순	一 十 土 耂 耂 孝 孝				
孝	孝				
효도 효					

✿ 다음 한자의 음을 쓰세요.

우리 아빠는 동네에서 孝子(   )로 소문났습니다.

옛날에는 부모에게 不孝(   )를 하는 자식은 살던 동네에서 쫓겨났습니다.

마음에도 없는 걸치레만의 孝道(효도)는 효도가 아니니까.

❀ 다음 한자의 음과 뜻을 익히고 써보세요.

● 회의(會意)문자

育

기를 육

부수	획수
月(肉)	4

글자 풀이

물구나무선 어린이(子)는 약한 아이로 건강하게 하기 위해 고기(肉)를 먹여서 키운다(育)는 의미이다.

응용 단어

事育(사육) 부모를 섬기고 자식을 기름
敎育(교육) 지식을 가르치고 품성과 체력을 기름
敎育場(교육장) 교육을 받는 장소

필순	` ー ナ 云 云 育 育 育
育	育					
기를 육						

❀ 다음 한자의 음을 쓰세요.

뒷산 예비군 敎育場(   )에서 예비군들이 사격하는 소리가 들립니다.

저는 어른이 되면, 어린이들의 敎育(   )을 담당하는 선생님이 되고 싶습니다.

어린이를 잘 敎育(교육)하는 것이 빼앗긴 우리나라를 찾는 길입니다.

1. 다음 한자의 음과 뜻을 바르게 연결하세요.

孝 •   • 기를 •   • 촌

少 •   • 마디 •   • 효

育 •   • 효도 •   • 부

寸 •   • 지아비 •   • 소

夫 •   • 적을 •   • 육

2. 보기에서 한자의 뜻과 음을 골라 쓰세요.

| 보기 | 촌, 기를, 마디, 부, 지아비, 육, 효도, 적을, 효, 소 |

少	뜻		음	
孝	뜻		음	
夫	뜻		음	
寸	뜻		음	
育	뜻		음	

3. 다음 한자의 음을 쓰세요.

(1) 孝(   )의 시작은 자기의 몸을 아끼는 것부터입니다.

(2) 내일부터 삼寸(   )에게 영어를 배우기로 했습니다.

(3) 농夫(   )아저씨들의 땀이 어린 쌀을 한 톨이라도 흘려선 안 된다.

✿ 다음 한자의 음과 뜻을 익히고 써보세요.

배울 학

글자 풀이   ⬤ 형성(形聲)문자

아이들(子)이 서당(冖)에서 두 손으로 책을 잡고(臼) 스승을 본받으며(爻) 글을 배운다는 데서, '배우다' 는 의미이다.

응용 단어

道學(도학) 유교 도덕에 관한 학문
學問(학문) 어떤 분야를 체계적으로 배워서 익힘
文學(문학) 사상이나 감정을 언어로 표현한 예술

부수	획수
子	13

필순	＇ ｒ Ｆ Ｆ Ｆ Ｆ' 臤 臤 臤 臤 臤 與 與 學 學

學	學				
배울 학					

✿ 다음 한자의 음을 쓰세요.

앞으로 文學(　　　)을 공부하고 싶습니다.

道學(　　　)을 연구하는 동아리에 들었습니다.

집과 學校(학교)가 불탔습니다.

❉ 다음 한자의 음과 뜻을 익히고 써보세요.

校

학교 교:

부수	획수
木	6

글자 풀이 ◐ 형성(形聲)문자

나무(木)를 엇갈리게(交) 해서 만든 도구를 의미하는 것으로 공부하는 학교(校)의 의미이다.

응용 단어

校花(교화) 학교의 상징으로 삼는 꽃
校歌(교가) 학교를 상징하는 노래
學校(학교) 학생에게 교육을 실시하는 기관

필순	一 十 十 木 术 朴 朴 栌 栌 校

校	校				
학교 교					

❉ 다음 한자의 음을 쓰세요.

우리 학교 校花(　　　)는 매화입니다.

우리 學校(　　　)는 산 위에 있습니다.

한길을 건너고 學校(학교) 운동장을 거쳐서 냇물, 보리밭
그리고 눈부신 동산…

❀ 다음 한자의 음과 뜻을 익히고 써보세요.

教

가르칠 교 :

부수	획수
攵(攴)	7

○ 형성(形聲)문자

글자 풀이

어른(老)과 아이(子)가 뒤섞여서, 어른이 채찍(攵)으로 어린이를 엄격하게 가르친다(敎)는 의미이다.

응용 단어

敎室(교실) 학습 활동이 이루어지는 방

敎人(교인) 종교를 가지고 있는 사람

下敎(하교) 윗사람이 아랫사람에게 가르침을 베풂

필순	ノ メ ナ 夆 孝 孝 考 教 教 教 教

教	教				
가르칠 교					

❀ 다음 한자의 음을 쓰세요.

敎室(   )에 새 커튼을 달았습니다.

저로서는 도무지 알 수 없으니 下敎(   )하여 주시기 바랍니다.

선생님은 敎室(교실)에 혼자 계셨습니다.

❀ 다음 한자의 음과 뜻을 익히고 써보세요.

問

물을 문:

부수	획수
口	8

글자 풀이 ○ 형성(形聲)문자

문(門) 앞에서 고한다(口)하여 묻다(問)
는 의미이다.

응용 단어

問答(문답) 물음과 대답
問字(문자) 남에게 글자를 배움
下問(하문) 윗사람이 아랫사람에게 물음

필 순	丨	冂	冂	冃	冃	門	門	門	問	問
問	問				
물을 문					

❀ 다음 한자의 음을 쓰세요.

이렇게 下問(　　)하여 주시니 황송하
군요.

問字(　　)하여야만 글씨를 읽을 수
있습니다.

규민이는 아침마다 할아버지께 問安(문안)을 드립니다.

❀ 다음 한자의 음과 뜻을 익히고 써보세요.

| 글자 풀이 | ◆ 회의(會意)문자 |

대쪽(竹)에 써 온 편지 내용에 합(合)당하게 답(答)을 써 보낸다는 의미이다.

응용 단어

問答(문답) 물음과 대답. 또는 서로 묻고 대답함
正答(정답) 문제를 바르게 푼 답
名答(명답) 격에 들어맞게 썩 잘한 답

대답 답

부수	획수
竹	6

필순	ノ ノ ゲ ゲ 竹 竺 竺 ゲ 父 ゲ 笊 笊 签 答 答
答	答				
대답 답					

❀ 다음 한자의 음을 쓰세요.

어제 본 수학시험의 正答(   )을 선생님께서 불러 주셨습니다.

현준이의 대답이야말로 名答(   ) 중의 名答(   )입니다.

인터뷰 기사는 그와 기자가 나누었던 問答(문답)을 고스란히 옮긴 것이다.

1. 다음 한자의 음과 뜻을 바르게 연결하세요.

答 •
學 •
校 •
教 •
問 •

• 배울 •
• 학교 •
• 대답 •
• 물을 •
• 가르칠 •

• 교
• 학
• 교
• 문
• 답

2. 보기에서 한자의 뜻과 음을 골라 쓰세요.

보기: 대답, 배울, 교, 문, 물을, 학, 답, 가르칠, 학교, 교

校	뜻		음	
問	뜻		음	
教	뜻		음	
答	뜻		음	
學	뜻		음	

3. 다음 한자의 음을 쓰세요.

(1) 學(　)교에 갈 시간입니다.

(2) 아직 答(　)장을 쓰지 못했습니다.

(3) 시험問(　)제가 너무 어려웠습니다.

❀ 다음 한자의 음과 뜻을 익히고 써보세요.

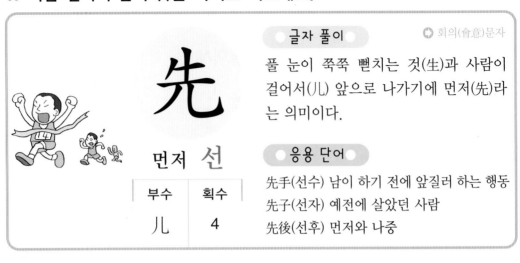

글자 풀이 <small>→ 회의(會意)문자</small>

풀 눈이 쭉쭉 뻗치는 것(生)과 사람이 걸어서(儿) 앞으로 나가기에 먼저(先)라는 의미이다.

응용 단어

先手(선수) 남이 하기 전에 앞질러 하는 행동
先子(선자) 예전에 살았던 사람
先後(선후) 먼저와 나중

필순	ノ 一 ⺧ 生 步 先

先	先					
먼저 선						

❀ 다음 한자의 음을 쓰세요.

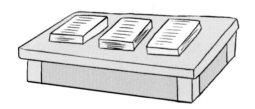

한꺼번에 일을 하는 것보다 先後(　　)로 나누어서 하는 것이 좋습니다.

이번에도 달리기에서 태정이에게 先手(　　)를 빼앗겼습니다.

호야는 자꾸자꾸 생각하다가 갑자기 先生(선생)님께로 달려갔습니다.

❀ 다음 한자의 음과 뜻을 익히고 써보세요.

道

길 도:

부수	획수
辶	9

글자 풀이 ▶ 형성(形聲)문자

사람(首)이 왔다갔다(辶)하고 있는 곳은 자연히 길(道)이 된다는 의미이다.

응용 단어

人道(인도) 사람이 다니는 길
道中(도중) 길 가운데, 여행길
道場(도장) 검도나 유도, 태권도 등을 가르치고 연습하는 곳

필순	丶 丷 䒑 䒑 䒑 首 首 首 首 首 道 道 道				
道	道				
길 도					

❀ 다음 한자의 음을 쓰세요.

태권도 道場(　　　)에서 우렁찬 기합 소리가 나옵니다.

오늘은 道內(　　　) 체육대회가 공설 운동장에서 열립니다.

"그건 네가 사 드리겠다는 물건보다도 더 귀하고 값진 孝道(효도)라는 거야"

※ 다음 한자의 음과 뜻을 익히고 써보세요.

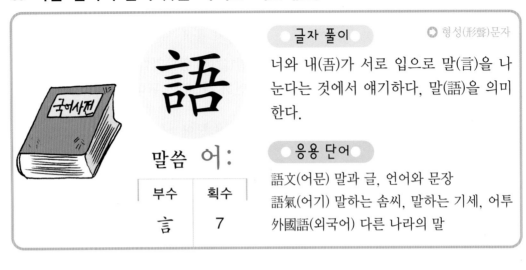

글자 풀이　　　　◯ 형성(形聲)문자

너와 내(吾)가 서로 입으로 말(言)을 나
눈다는 것에서 얘기하다, 말(語)을 의미
한다.

응용 단어

語文(어문) 말과 글, 언어와 문장
語氣(어기) 말하는 솜씨, 말하는 기세, 어투
外國語(외국어) 다른 나라의 말

필순	丶	亠	亖	言	言	言	言	訂	訝	訝	語	語	語
語	語					
말씀 어						

※ 다음 한자의 음을 쓰세요.

우리나라 語文(　　　) 정책은 국한병용
입니다.

유학 온 語學生(　　　)들이 우리말에
익숙해지기까지는 시간이 걸립니다.

外國語(외국어)를 자유자재로 구사하기는 쉽지 않습니다.

❀ 다음 한자의 음과 뜻을 익히고 써보세요.

話

말씀 화

부수	획수
言	6

글자 풀이 ○ 형성(形聲)문자

혀(舌)와 입술을 사용하여 마음의 생각을 얘기(言)해 전하는 것에서 말하다(話)는 의미이다.

응용 단어

面話(면화) 서로 마주 대하여 이야기함
手話(수화) 손으로 하는 대화
電話(전화) 전화기로 말을 주고 받는 일

필순	`	﹗	﹗	言	言	言	言	言	評	評	話	話

話	話				
말씀 화					

❀ 다음 한자의 음을 쓰세요.

순희는 신체장애자에게 手話(　　)를 가르치려고 노력을 합니다.

사람들이 모여 民話(　　)를 주고 받습니다.

電話(전화)를 할 때는 용건만 간단히 합시다.

✿ 다음 한자의 음과 뜻을 익히고 써보세요.

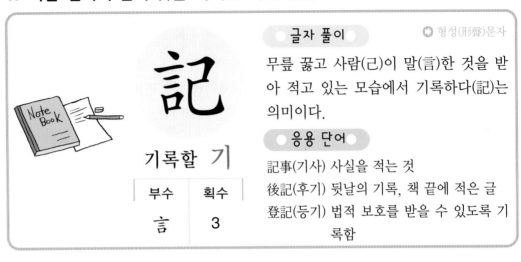

記

기록할 기

부수	획수
言	3

글자 풀이 ◐ 형성(形聲)문자

무릎 꿇고 사람(己)이 말(言)한 것을 받아 적고 있는 모습에서 기록하다(記)는 의미이다.

응용 단어

記事(기사) 사실을 적는 것
後記(후기) 뒷날의 기록, 책 끝에 적은 글
登記(등기) 법적 보호를 받을 수 있도록 기록함

필순	` ﹅ ﹦ ﹦ ﹦ 言 言 記 記 記
記	記				
기록할 기					

✿ 다음 한자의 음을 쓰세요.

나는 신문을 보면 사회면의 記事(   )를 제일 먼저 봅니다.

학교 교지를 만든 후 우리는 돌아가며 편집 後記(   )를 썼습니다.

중요한 편지는 登記(등기)로 보내는 것이 안전합니다.

1. 다음 한자의 음과 뜻을 바르게 연결하세요.

話 •　　　　• 먼저 •　　　　• 기

先 •　　　　• 말씀 •　　　　• 화

道 •　　　• 기록할 •　　　　• 선

記 •　　　　• 말씀 •　　　　• 도

語 •　　　　• 길 •　　　　• 어

2. 보기에서 한자의 뜻과 음을 골라 쓰세요.

> 보기　화, 선, 먼저, 말씀, 길, 어, 말씀, 도, 기록할, 기

先	뜻		음	
記	뜻		음	
語	뜻		음	
話	뜻		음	
道	뜻		음	

3. 다음 한자의 음을 쓰세요.

(1) 스승의 날을 맞아 先(　)생님들께 노래를 불러드렸습니다.

(2) 고구마를 키우며 관찰일記(　)를 쓰고 있습니다.

(3) 고속道(　)로에서도 속도를 너무 내는 것은 위험합니다.

❀ 다음 한자의 음과 뜻을 익히고 써보세요.

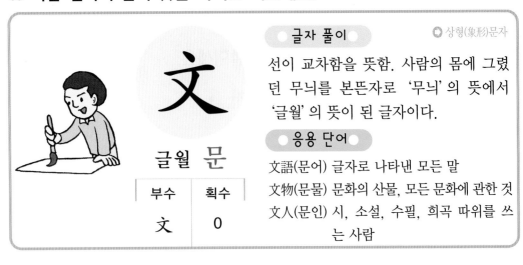

글자 풀이 ○ 상형(象形)문자

선이 교차함을 뜻함. 사람의 몸에 그렸던 무늬를 본뜬자로 '무늬' 의 뜻에서 '글월' 의 뜻이 된 글자이다.

응용 단어

文語(문어) 글자로 나타낸 모든 말
文物(문물) 문화의 산물, 모든 문화에 관한 것
文人(문인) 시, 소설, 수필, 희곡 따위를 쓰는 사람

필순	` 一 ナ 文				
文	文				
글월 문					

❀ 다음 한자의 음을 쓰세요.

오늘 우리 집에 文人(　　　)들이 많이 모였습니다.

책을 많이 읽는 것이 文學(　　　)을 공부하는 기본 자세입니다.

중학교에 다니는 큰형은 漢文(한문) 과목에 흥미가 있습니다.

✤ 다음 한자의 음과 뜻을 익히고 써보세요.

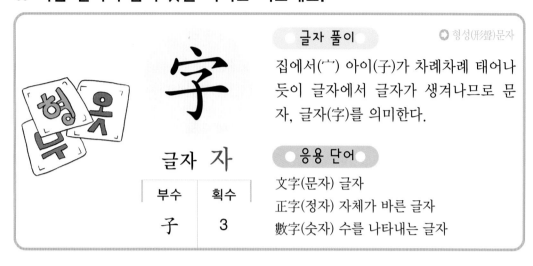

字

글자 자

부수	획수
子	3

◉ 형성(形聲)문자

글자 풀이

집에서(宀) 아이(子)가 차례차례 태어나 듯이 글자에서 글자가 생겨나므로 문자, 글자(字)를 의미한다.

응용 단어

文字(문자) 글자
正字(정자) 자체가 바른 글자
數字(숫자) 수를 나타내는 글자

필순	﹅ ﹅ 宀 宀 宁 字					
字	字					
글자 자						

✤ 다음 한자의 음을 쓰세요.

각 나라의 문자마다 고유의 字母(　　　)
가 있습니다.

앞에 제목은 正字(　　　)로 써주시기
바랍니다.

漢字(한자) 공부는 초등학교 때부터 해야 됩니다.

❀ 다음 한자의 음과 뜻을 익히고 써보세요.

형성(形聲)문자

글자 풀이

섬유질(糸)을 근원, 원료(氏)로 하여 종이(紙)를 생산한다는 의미이다.

응용 단어

間紙(간지) 속종이
答紙(답지) 답을 적은 종이
紙面(지면) 신문에 글이 쓰인 겉면

종이 지

부수	획수
糸	4

필순	㇂ 纟 幺 幺 纟 糸 糸 糸 糸 紙
紙	紙				
종이 지					

❀ 다음 한자의 음을 쓰세요.

어제 일어난 사건 기사가 신문의 紙面
(   )을 가득 채웠습니다.

철수는 어제 시험공부를 안 해 答紙
(   )를 백지로 냈습니다.

철수가 시골에 계신 외할아버지께 便紙(편지)를 썼습니다.

※ 다음 한자의 음과 뜻을 익히고 써보세요.

漢

한수 한:

글자 풀이   ⊙ 형성(形聲)문자

원래 큰 불로 태운 밭의 흙인데, 메마른 하천의 의미가 되고, 후에 중국의 나라 이름이 되었다.

응용 단어

漢學(한학) 한어에 관한 학문, 한문학
漢江(한강) 한국의 중부, 서울에서 서해로 들어가는 강

부수	획수
氵(水)	11

필순	丶 丶 氵 氵 氵 汁 汁 汗 汁 淮 淮 漢 漢 漢			
漢	漢			
한수 한				

※ 다음 한자의 음을 쓰세요.

지난 주말에 漢江(　　) 유람선을 타고 놀았습니다.

할아버지께서는 漢學(　　)을 공부하셨습니다.

漢江(한강)다리가 끊어졌습니다.

※ 다음 한자의 음과 뜻을 익히고 써보세요.

글자 풀이

● 형성(形聲)문자

입을 크게 벌려서(欠) 유창하게 소리를 뽑아 올리는 것(哥)에서 노래하다(歌)는 의미이다.

응용 단어

名歌(명가) 이름난 노래
軍歌(군가) 군대에서 부르는 노래
歌人(가인) 노래를 짓거나 부르는 사람

노래 가

부수	획수
欠	10

필순	一 一 ㅜ 口 口 可 可 哥 哥 哥 哥 哥 歌 歌 歌
歌	歌				
노래 가					

※ 다음 한자의 음을 쓰세요.

군대에서 휴가 나온 삼촌이 우렁차게
軍歌(   )를 불러 주었습니다.

동국이가 생일 선물로 名歌(   )만을
모은 CD 한 장을 사주기로 하였습니다.

축구 경기가 시작되기 전 國歌(국가)가 연주되었습니다.

1. 다음 한자의 음과 뜻을 바르게 연결하세요.

漢 •   • 글월 •   • 지

文 •   • 종이 •   • 한

字 •   • 한수 •   • 문

紙 •   • 노래 •   • 자

歌 •   • 글자 •   • 가

2. 보기에서 한자의 뜻과 음을 골라 쓰세요.

> 보기: 글월, 글자, 자, 가, 문, 종이, 한수, 지, 한, 노래

文	뜻		음	
字	뜻		음	
歌	뜻		음	
紙	뜻		음	
漢	뜻		음	

3. 다음 한자의 음을 쓰세요.

(1) 학교에서 漢文(   )을 배웠습니다.

(2) 애국歌(   )를 4절까지 부를 수 있습니다.

(3) 내일 준비물은 한紙(   )입니다.

❀ 다음 한자의 음과 뜻을 익히고 써보세요.

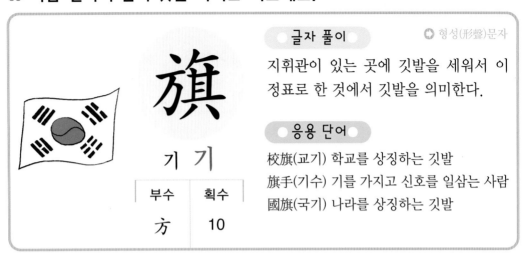

旗
기 기

부수	획수
方	10

글자 풀이 ◐ 형성(形聲)문자

지휘관이 있는 곳에 깃발을 세워서 이 정표로 한 것에서 깃발을 의미한다.

응용 단어

校旗(교기) 학교를 상징하는 깃발
旗手(기수) 기를 가지고 신호를 일삼는 사람
國旗(국기) 나라를 상징하는 깃발

필 순	丶	亠	方	方	方	方	扩	扩	旂	旆	旌	旗	旗

旗	旗					
기 기						

❀ 다음 한자의 음을 쓰세요.

학교 건물 앞에는 태극기와 校旗(　　)
가 나란히 걸려 있습니다.

우리나라의 國旗(　　)는 태극을 중심
으로 4괘가 그려져 있는 태극기입니다.

國旗(국기)가 바람에 휘날립니다.

※ 다음 한자의 음과 뜻을 익히고 써보세요.

工

장인 공

부수	획수
工	0

○ 상형(象形)문자

글자 풀이

어려운 작업을 할 때에 사용하는 잣대 (工)에서 물건을 만든다(工)는 의미가 되었다.

응용 단어

工事(공사) 토목이나 건축 등의 역사, 일
人工(인공) 자연적이 아닌 사람이 만든 것
工場(공장) 원료나 재료를 가공하여 물건을 만들어 내는 곳

필순	一 丁 工					
工	工					
장인 공						

※ 다음 한자의 음을 쓰세요.

저기 커다란 工場(　　)에서 일하는 사람들은 대부분 여공들입니다.

자연에 人工(　　)을 가하면 편리는 하지만 환경이 오염되기 쉽습니다.

좌수영에는 그날부터 거북선을 만드는 큰 工事(공사)가 벌어졌습니다.

❀ 다음 한자의 음과 뜻을 익히고 써보세요.

韓

한국 한(:)

부수	획수
韋	8

글자 풀이   ◉ 형성(形聲)문자

해가 돋는(卓) 동방의 위대한(韋) 나라인 한국(韓)이란 의미이다.

응용 단어

韓食(한식) 한국식의 음식
韓方(한방) 중국에서 발달하여 우리나라에 전래된 의술
韓紙(한지) 우리나라 고유의 제조법으로 만든 종이

필순	一 十 十 古 古 古 直 卓 卓' 卓" 卓 卓 卓 韓 韓 韓
韓	韓				
한국 한					

❀ 다음 한자의 음을 쓰세요.

우리 형은 韓食(　　) 요리사가 꿈입니다.

韓紙(　　)로 포장을 하는 것이 좋겠습니다.

北韓(북한) 공산군이 쳐들어왔습니다.

※ 다음 한자의 음과 뜻을 익히고 써보세요.

國

나라 국

부수	획수
口	8

글자 풀이　　◐ 회의(會意)문자

영토(口), 국방(戈), 국민(口), 주권(一)
으로서 나라(國)를 의미한다.

응용 단어

國文(국문) 나라 고유의 글자
國土(국토) 나라의 땅
國力(국력) 한 나라가 지닌 정치, 경제, 문화,
　　　　　　군사 따위의 모든 방면에서의 힘

필순	丨 冂 冂 冋 冋 冋 冐 或 或 國 國
國	國
나라 국	

※ 다음 한자의 음을 쓰세요.

여름방학동안 國土(　　) 순례에 참가
했습니다.

아버지는 國文學(　　)을 가르치십
니다.

나는 오늘 할아버지를 따라 동작동에 있는 國立(국립)묘지에
갔습니다.

❀ 다음 한자의 음과 뜻을 익히고 써보세요.

글자 풀이 ○ 회의(會意)문자

전차(車)를 빙 둘러싸고(冖) 있는 형태에서 군대, 전쟁(軍)을 의미한다.

응용 단어

空軍(공군) 하늘을 지키는 군대
軍車(군차) 군용차
水軍(수군) 조선 시대에, 바다에서 국방과 치안을 맡아보던 군대

軍
군사 군

부수	획수
車	2

필순	` ⼾ ⼾ ⼾ 冒 冒 冒 軍 軍

軍	軍					
군사 군						

❀ 다음 한자의 음을 쓰세요.

이순신 장군은 水軍(　　　)을 이끌고 전쟁에 나갔습니다.

형은 空軍(　　　)이 되고 싶어합니다.

이순신은 水軍(수군)통제사가 되었습니다.

1. 다음 한자의 음과 뜻을 바르게 연결하세요.

軍 •	• 한국 •	• 기
旗 •	• 군사 •	• 국
工 •	• 기 •	• 공
國 •	• 장인 •	• 한
韓 •	• 나라 •	• 군

2. 보기에서 한자의 뜻과 음을 골라 쓰세요.

보기 한국, 나라, 기, 한, 국, 군사, 기, 장인, 군, 공

工	뜻		음	
韓	뜻		음	
國	뜻		음	
旗	뜻		음	
軍	뜻		음	

3. 다음 한자의 음을 쓰세요.

(1) 청旗(   )를 들어 주십시오

(2) 軍(   )에 간 삼촌이 휴가를 나왔습니다.

(3) 구미는 工(   )업도시입니다.

❀ 다음 한자의 음과 뜻을 익히고 써보세요.

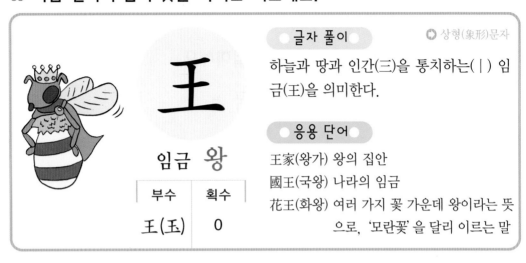

王

임금 왕

부수	획수
王(玉)	0

글자 풀이   ◐ 상형(象形)문자

하늘과 땅과 인간(三)을 통치하는(|) 임금(王)을 의미한다.

응용 단어

王家(왕가) 왕의 집안
國王(국왕) 나라의 임금
花王(화왕) 여러 가지 꽃 가운데 왕이라는 뜻
　　　　　으로, '모란꽃'을 달리 이르는 말

필순	一 二 干 王				
王 임금 왕	王				

❀ 다음 한자의 음을 쓰세요.

모란은 화려한 모습 때문에 花王(　　) 이라고 불려집니다.

심청이가 탄 연꽃은 國王(　　)에게로 전해졌습니다.

"天王(천왕)님, 저희는 사람이 되고 싶어 찾아왔습니다."

❀ 다음 한자의 음과 뜻을 익히고 써보세요.

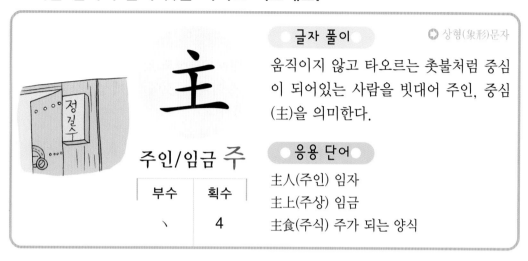

글자 풀이

⊙ 상형(象形)문자

움직이지 않고 타오르는 촛불처럼 중심이 되어있는 사람을 빗대어 주인, 중심(主)을 의미한다.

主

주인/임금 주

부수	획수
丶	4

응용 단어

主人(주인) 임자
主上(주상) 임금
主食(주식) 주가 되는 양식

필순	丶 一 二 三 主 主

主	主				
주인 주					

❀ 다음 한자의 음을 쓰세요.

主上(　　　)께서 백성의 모습을 직접
보고 싶어 하십니다.

동양 사람들의 主食(　　　)은 밥이고,
서양 사람들의 主食(　　　)은 고기입니다.

게다가 主人(주인)의 애벌레를 죽이고 거기에 自身(자신)
의 알을 낳기도 했습니다.

❀ 다음 한자의 음과 뜻을 익히고 써보세요.

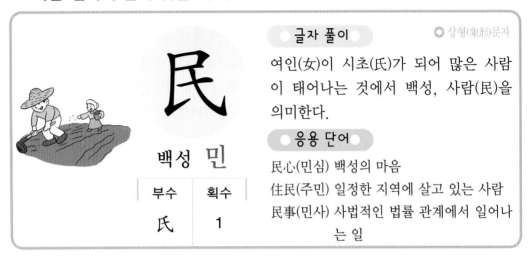

글자 풀이 ◐ 상형(象形)문자

여인(女)이 시초(氏)가 되어 많은 사람이 태어나는 것에서 백성, 사람(民)을 의미한다.

응용 단어

民心(민심) 백성의 마음
住民(주민) 일정한 지역에 살고 있는 사람
民事(민사) 사법적인 법률 관계에서 일어나는 일

民
백성 민

부수	획수
氏	1

필순	⁷ ⁷ ₱ ₱ 民				
民 백성 민	民				

❀ 다음 한자의 음을 쓰세요.

民心(   )을 헤아릴 줄 아는 왕이 지혜로운 왕입니다.

산사태가 일어나 住民(   )들을 모두 대피시켰습니다.

"大韓民國(대한민국) 만세!"

✿ 다음 한자의 음과 뜻을 익히고 써보세요.

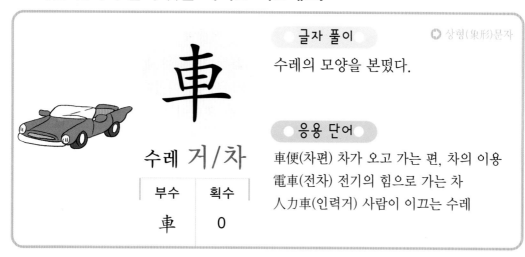

車

수레 거/차

부수	획수
車	0

글자 풀이 ◐ 상형(象形)문자

수레의 모양을 본떴다.

응용 단어

車便(차편) 차가 오고 가는 편, 차의 이용
電車(전차) 전기의 힘으로 가는 차
人力車(인력거) 사람이 이끄는 수레

필순	一 厂 厂 曱 百 亘 車
車	車					
수레 거/차						

✿ 다음 한자의 음을 쓰세요.

시골에서 할머니가 車便(　　　)으로 쌀
을 보내 오셨습니다.

택시가 없던 때에는 人力車(　　　　)로
사람을 싣고 다녔습니다.

육지를 다니는 自動車(자동차)와 기차가 있고, 江(강)이나
바다로 다니는 배가 있습니다.

❀ 다음 한자의 음과 뜻을 익히고 써보세요.

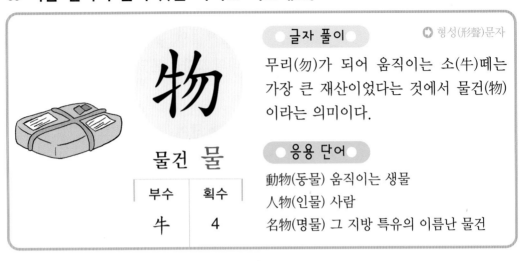

글자 풀이 ◑ 형성(形聲)문자

무리(勿)가 되어 움직이는 소(牛)떼는 가장 큰 재산이었다는 것에서 물건(物)이라는 의미이다.

응용 단어

動物(동물) 움직이는 생물
人物(인물) 사람
名物(명물) 그 지방 특유의 이름난 물건

物 물건 물

부수	획수
牛	4

필순	㇐ ㇑ 牛 牛 牛 牜 物 物

物	物					
물건 물						

❀ 다음 한자의 음을 쓰세요.

춘천의 名物(　　)은 닭갈비와 막국수 입니다.

위대한 人物(　　)들의 일생을 위인 전을 통해서 읽었습니다.

動物(동물)원에는 여러 가지의 動物(동물)들이 있습니다.

1. 다음 한자의 음과 뜻을 바르게 연결하세요.

主 •	• 수레 •	• 왕
車 •	• 주인 •	• 민
物 •	• 백성 •	• 주
王 •	• 물건 •	• 거
民 •	• 임금 •	• 물

2. 보기에서 한자의 뜻과 음을 골라 쓰세요.

보기   수레, 물, 거, 임금, 백성, 물건, 왕, 민, 주, 주인

王	뜻		음	
車	뜻		음	
民	뜻		음	
主	뜻		음	
物	뜻		음	

3. 다음 한자의 음을 쓰세요.

(1) 아빠가 새 자전車(   )를 사 주셨습니다.

(2) 이 우산은 主(   )인이 없는 것 같습니다.

(3) 학교에서 식物(   )원으로 견학을 갔습니다.

※ 다음 한자의 음과 뜻을 익히고 써보세요.

市

저자 시:

부수	획수
巾	2

● 형성(形聲)문자

글자 풀이

천(巾)을 사러 가는(亠) 곳이니 저자, 시장(市)이라는 의미이다.

응용 단어

市內(시내) 시의 구역 안
市中(시중) 도시의 안
市立(시립) 시에서 설립하여 관리 유지함

필순	ﾠ 亠 广 疒 市					
市	市					
저자 시						

※ 다음 한자의 음을 쓰세요.

市內(　　)에서 난폭 운전을 하면 안 됩니다.

재수생인 우리 오빠는 지난주부터 市立(　　) 도서관에서 공부를 합니다.

이 곳을 신市(시)라 이름하고, 王(왕)이 되니, 이 분이 곧 환웅 天王(천왕)이시다.

❀ 다음 한자의 음과 뜻을 익히고 써보세요.

村

마을 촌:

부수	획수
木	3

○ 형성(形聲)문자

글자 풀이

나무(木)가 조금(寸) 자라고 있는 곳에 사람이 모여 산다는 것에서 마을(村)이라는 의미이다.

응용 단어

村家(촌가) 시골 마을에 있는 집
村里(촌리) 촌에 이루어진 부락
村長(촌장) 마을의 일을 맡아보는 대표자

필순	一 十 オ 木 朾 村 村

村	村				
마을 촌					

❀ 다음 한자의 음을 쓰세요.

마을에서 나이가 제일 많으신 村長(　　)님이 우리를 맞이해 주셨습니다.

버스에서 내리자 동리 안으로 村家(　　)가 죽 늘어서 있었습니다.

외할아버지 댁은 農村(농촌)입니다.

✿ 다음 한자의 음과 뜻을 익히고 써보세요.

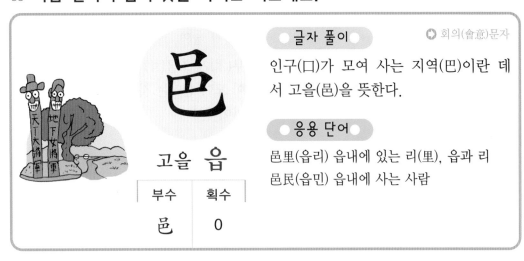

글자 풀이

⊙ 회의(會意)문자

인구(口)가 모여 사는 지역(巴)이란 데서 고을(邑)을 뜻한다.

응용 단어

邑里(읍리) 읍내에 있는 리(里), 읍과 리
邑民(읍민) 읍내에 사는 사람

고을 **읍**

부수	획수
邑	0

필순	ㅣ ㄇ ㅁ ㅁ 딕 뮤 묘 邑					
邑 고을 읍	邑					

✿ 다음 한자의 음을 쓰세요.

이 邑里(　　)를 통틀어서 병원은 보건소 하나밖에 없습니다.

지금은 邑長(　　)을 邑民(　　)이 뽑았지만 얼마 전에는 그렇지 못했습니다.

우리 할아버지께서 邑內(읍내)에서 나이가 제일 많으십니다.

※ 다음 한자의 음과 뜻을 익히고 써보세요.

洞

골 동:

부수	획수
氵(水)	6

● 형성(形聲)문자

글자 풀이

같은(同) 우물이나 시냇물(氵)을 사용하는 동네(洞)란 의미이다.

응용 단어

洞民(동민) 한 동네에 사는 사람
洞門(동문) 마을 입구에 있는 문
洞口(동구) 동네 입구

필순	丶 丶 氵 氵 洞 洞 洞 洞 洞

洞	洞					
골 동						

※ 다음 한자의 음을 쓰세요.

내가 돌아갈 때면 할머니께서는 洞口
(   )밖까지 배웅을 나오십니다.

외할머니 댁을 찾을 때면 할머니께서는
洞門(   )까지 나와서 기다립니다.

洞里(동리) 사람들이 넓은 뜰에 모였습니다.

❀ 다음 한자의 음과 뜻을 익히고 써보세요.

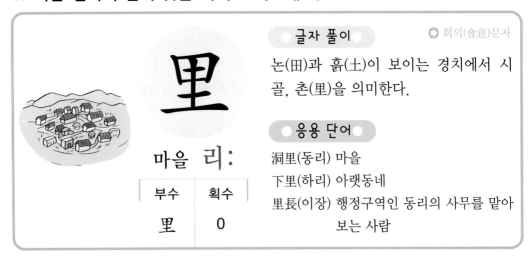

글자 풀이 ◉ 회의(會意)문자

논(田)과 흙(土)이 보이는 경치에서 시골, 촌(里)을 의미한다.

마을 리:

부수	획수
里	0

응용 단어

洞里(동리) 마을
下里(하리) 아랫동네
里長(이장) 행정구역인 동리의 사무를 맡아 보는 사람

필순	ㅣ ㄇ 曰 日 旦 甲 里				
里 마을 리	里				

❀ 다음 한자의 음을 쓰세요.

이번 명절에는 상리 住民(　　)과 下里(　　) 주민들이 줄다리기를 합니다.

우리 洞里(　　) 里民(　　)들은 農事(　　)를 지으며 생계를 이어갑니다.

洞里(동리) 사람들이 넓은 뜰에 모였습니다.

1. 다음 한자의 음과 뜻을 바르게 연결하세요.

洞 ·   · 고을 ·   · 리

邑 ·   · 저자 ·   · 동

里 ·   · 마을 ·   · 시

市 ·   · 골 ·   · 촌

村 ·   · 마을 ·   · 읍

2. 보기에서 한자의 뜻과 음을 골라 쓰세요.

보기   고을, 마을, 리, 촌, 저자, 골, 시, 읍, 동, 마을

里   뜻 [   ]   음 [   ]

村   뜻 [   ]   음 [   ]

邑   뜻 [   ]   음 [   ]

洞   뜻 [   ]   음 [   ]

市   뜻 [   ]   음 [   ]

3. 다음 한자의 음을 쓰세요.

(1) 가까운 洞(   )사무소를 찾아가면 됩니다.

(2) 공원까지 가는 市(   )내버스가 있습니까?

(3) 삼촌을 따라 어村(   )에 있는 고모님께 갔습니다.

❀ 다음 한자의 음과 뜻을 익히고 써보세요.

글자 풀이 ⟳ 형성(形聲)문자

깃발(勿)위로 높이 해(日)가 떠 오르듯이 높게 흙(土)을 돋운 장소를 빗대 곳, 장소(場)을 의미한다.

응용 단어

場內(장내) 장소의 안, 회장의 내부
場面(장면) 어떤 장소의 겉면이 드러난 면
市場(시장) 많은 물건을 모아 놓고 사고 파는 곳

마당 장

부수	획수
土	9

필순	一	十	土	圵	圹	坮	坢	埸	塌	場	場
場	場										
마당 장											

❀ 다음 한자의 음을 쓰세요.

야구장에서 아나운서가 場內(   ) 방송으로 양 팀 선수를 소개하였습니다.

어머니와 함께 市場(   )에 가서 운동화를 샀습니다.

農場(농장) 구경을 가요.

다음 한자의 음과 뜻을 익히고 써보세요.

所

바 소 :

부수	획수
戶	4

글자 풀이　　　◐ 회의(會意)문자

나무를 자르는(斤) 곳(戶)이 소리가 나는 곳을 말하는 것에서 장소(所)를 의미한다.

응용 단어

所有(소유) 가진 물건, 또는 가짐
住所(주소) 사는 곳
所生(소생) 자기가 낳은 자녀

필순	` ｀ ｒ ｒ 戶 戶 戶 所 所

所	所				
바 소					

다음 한자의 음을 쓰세요.

편지를 보낼 때는 便紙(　　) 봉투에 꼭
住所(　　)와 우편번호를 써야 합니다.

나는 농구공을 所有(　　)하기 위하여 父母
(　　)님이 주신 용돈을 모두 모았습니다.

그러나 거기 사는 사람들도 모두 자기네의 자연을 所重(소중)히 생각하고, 살기 좋은 곳으로 만들기 위하여 애를 씁니다.

✿ 다음 한자의 음과 뜻을 익히고 써보세요.

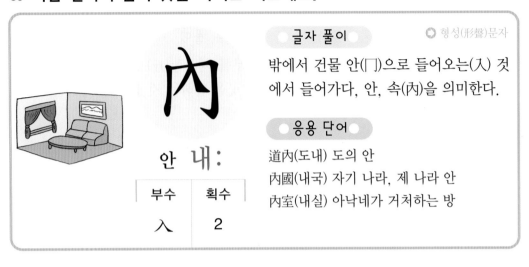

안 내 :

부수	획수
入	2

글자 풀이 ● 형성(形聲)문자

밖에서 건물 안(冂)으로 들어오는(入) 것
에서 들어가다, 안, 속(內)을 의미한다.

응용 단어

道內(도내) 도의 안
內國(내국) 자기 나라, 제 나라 안
內室(내실) 아낙네가 거처하는 방

필순	丨 冂 冈 內					
內	內					
안 내						

✿ 다음 한자의 음을 쓰세요.

서울 市內(　　)에는 커다란 건물들이
많이 있습니다.

시간이 되자 場內(　　) 아나운서가 각
팀의 농구 선수들을 소개하였습니다.

큰 자동차에는 市內(시내)버스와 市外(시외)버스가 있고,
고속도로에서만 다니는 고속버스가 있습니다.

※ 다음 한자의 음과 뜻을 익히고 써보세요.

外

바깥 외:

부수	획수
夕	2

글자 풀이 ● 형성(形聲)문자

저녁(夕)때 거북이 등을 두드려서 점(卜)을 치면 줄금이 바깥쪽에 생겨 바깥(外)을 의미한다.

응용 단어

外食(외식) 자기 집 아닌 밖에서 식사함
內外(내외) 안과 밖
市外(시외) 도시의 밖 또는 시 구역 밖의 지역

필순	ノ ク タ 夘 外				
外 外					
바깥 외					

※ 다음 한자의 음을 쓰세요.

백일장에서 상을 탄 기념으로 外食(   )을 했습니다.

부모님과 함께 주말에 市外(   )로 소풍을 갔습니다.

옥이는 엄마와 함께 外家(외가)집에 놀러 갔습니다.

※ 다음 한자의 음과 뜻을 익히고 써보세요.

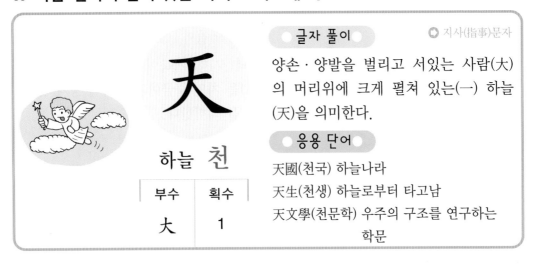

하늘 천

부수	획수
大	1

글자 풀이

○ 지사(指事)문자

양손·양발을 벌리고 서있는 사람(大)의 머리위에 크게 펼쳐 있는(一) 하늘(天)을 의미한다.

응용 단어

天國(천국) 하늘나라
天生(천생) 하늘로부터 타고남
天文學(천문학) 우주의 구조를 연구하는
　　　　　　　학문

필순	一 二 テ 天				
天	天				
하늘 천					

※ 다음 한자의 음을 쓰세요.

작은 오빠는 天文學(　　　)을 공부합니다.

이도령과 춘향이는 天生(　　　) 연분으로 맺어졌습니다.

이 곳을 신시라 이름하고, 王(왕)이 되니, 이 분이 곧 환웅 天王(천왕)이시다.

1. 다음 한자의 음과 뜻을 바르게 연결하세요.

場 •　　　• 하늘 •　　　• 외

外 •　　　• 마당 •　　　• 천

天 •　　　• 바깥 •　　　• 소

內 •　　　• 바 •　　　• 내

所 •　　　• 안 •　　　• 장

2. 보기에서 한자의 뜻과 음을 골라 쓰세요.

보기　하늘, 안, 장, 천, 외, 바깥, 바, 내, 마당, 소

所	뜻		음	
場	뜻		음	
外	뜻		음	
天	뜻		음	
內	뜻		음	

3. 다음 한자의 음을 쓰세요.

(1) 착한 일을 하면 天(　)국에 갑니다.

(2) 이 책은 너무 어려워서 內(　)용을 잘 모르겠습니다.

(3) 나에게 가장 所(　)중한 것은 가족입니다.

❋ 다음 한자의 음과 뜻을 익히고 써보세요.

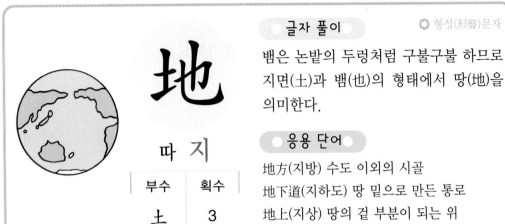

글자 풀이 ● 형성(形聲)문자

뱀은 논밭의 두렁처럼 구불구불 하므로 지면(土)과 뱀(也)의 형태에서 땅(地)을 의미한다.

응용 단어

地方(지방) 수도 이외의 시골
地下道(지하도) 땅 밑으로 만든 통로
地上(지상) 땅의 겉 부분이 되는 위

따 지

부수	획수
土	3

필순	一 十 土 圠 圠 地				
地	地				
따 지					

❋ 다음 한자의 음을 쓰세요.

각 地方(　　)에서 특산물들을 우편으로 판매하고 있습니다.

길 건너에 있는 우체국을 가려면 地下道(　　)로 가야합니다.

"아바마마, 오늘에야 地上(지상)에서 가장 아름답고도 성스러운 곳을 발견하였사옵니다."

✿ 다음 한자의 음과 뜻을 익히고 써보세요.

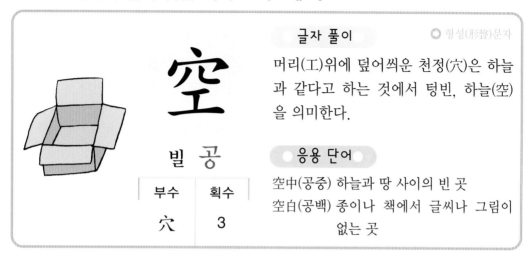

글자 풀이 ◯ 형성(形聲)문자

머리(工)위에 덮어씌운 천정(穴)은 하늘과 같다고 하는 것에서 텅빈, 하늘(空)을 의미한다.

空

빌 공

부수	획수
穴	3

응용 단어

空中(공중) 하늘과 땅 사이의 빈 곳
空白(공백) 종이나 책에서 글씨나 그림이 없는 곳

필순	` ⼋ ⼧ 宀 穴 空 空 空				
空 빌 공	空				

✿ 다음 한자의 음을 쓰세요.

서커스단의 空中(　　) 곡예를 볼 때면 가슴이 두근거립니다.

空軍(　　)아저씨들이 비행기로 공중에서 묘기를 부립니다.

나라를 위해 싸우다가 전사한 육군·海軍(해군)·空軍(공군) 장병들이나 경찰관들이 묻혀 있는 것을 알았습니다.

✿ 다음 한자의 음과 뜻을 익히고 써보세요.

글자 풀이   ◉ 상형(象形)문자

부초가 물에 떠 있는 모양에서 평평하다, 평지, 평온(平)을 의미한다.

응용 단어

不平(불평) 마음에 불만이 있음
平正(평정) 공평하고 정직함
平日(평일) 평상시

평평할 평

부수	획수
干	2

필순	一 一 一 一 一 平					
平	平					
평평할 평						

✿ 다음 한자의 음을 쓰세요.

어린이 대공원은 平日(　　　)보다 휴일이 사람이 더 많습니다.

선생님이 학생들에게 청소를 시키자 不平(　　　)이 대단히 많았습니다.

할아버지는 平生(평생)을 교직에 몸 바치셨습니다.

❀ 다음 한자의 음과 뜻을 익히고 써보세요.

글자 풀이

◯ 지사(指事)문자

얼굴 주위에 여기부터 여기까지 얼굴이
다라고 표시한 것에서 낯짝, 얼굴(面)을
의미한다.

낯 면:

부수	획수
面	0

응용 단어

面話(면화) 서로 만나서 이야기 함
面前(면전) 눈 앞, 보는 앞
面長(면장) 면 행정 기관의 우두머리

필순	一 ㄱ ㄱ 丆 而 而 而 面 面				
面	面				
낯 면					

❀ 다음 한자의 음을 쓰세요.

面長(　　　)님, 올 여름에는 가물어서
벼농사가 걱정입니다.

이렇게 面前(　　　)에서 칭찬해 주시
니 부끄럽군요.

우리나라는 三面(삼면)이 바다로 둘러싸여 있습니다.

❀ 다음 한자의 음과 뜻을 익히고 써보세요.

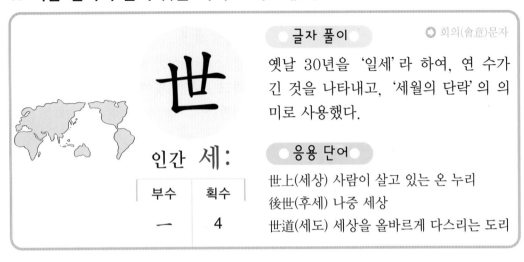

글자 풀이

◯ 회의(會意)문자

옛날 30년을 '일세'라 하여, 연 수가 긴 것을 나타내고, '세월의 단락'의 의미로 사용했다.

응용 단어

世上(세상) 사람이 살고 있는 온 누리
後世(후세) 나중 세상
世道(세도) 세상을 올바르게 다스리는 도리

인간 세 :

부수	획수
一	4

필순	一 十 卅 卅 世				
世	世				
인간 세					

❀ 다음 한자의 음을 쓰세요.

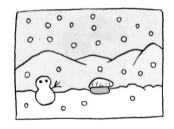

온 世上(　　　)에 눈이 내려 하얗게 변했습니다.

사람은 누구나 後世(　　　)들에게 좋은 평을 받고 싶어 합니다.

이 世上(세상)엔 무서운 게 너무 많단다.

⊘ 확인학습17 ⊘

1. 다음 한자의 음과 뜻을 바르게 연결하세요.

世 •	• 낮 •	• 평
地 •	• 빌 •	• 세
面 •	• 따 •	• 공
平 •	• 평평할 •	• 면
空 •	• 인간 •	• 지

2. 보기에서 한자의 뜻과 음을 골라 쓰세요.

> 보기   인간, 낮, 세, 면, 빌, 평평할, 지, 평, 공, 따

地	뜻		음	
空	뜻		음	
世	뜻		음	
面	뜻		음	
平	뜻		음	

3. 다음 한자의 음을 쓰세요.

(1) 달은 地(   )구 주위를 공전합니다.

(2) 시내를 조금만 벗어나도 空(   )기가 다릅니다.

(3) 여기서부터 平(   )지가 끝나고 오르막길이 시작됩니다.

✿ 다음 한자의 음과 뜻을 익히고 써보세요.

글자 풀이 ◐ 형성(形聲)문자

손(ナ)에 고기(月)를 가지고 있다(有)는 의미이다.

응용 단어

有力(유력) 세력이 있음
有道(유도) 덕행이 있음
有名(유명) 이름이 있는, 많은 사람이 알고 있는

있을 유:

부수	획수
月	2

필순	ノ ナ 才 有 有 有					
有	有					
있을 유						

✿ 다음 한자의 음을 쓰세요.

우리 반 담임선생님으로는 새로 오신 총각 선생님이 有力(　　)합니다.

춘천에는 닭갈비와 막국수가 有名(　　)합니다.

그처럼 有名(유명)했습니다.

❀ 다음 한자의 음과 뜻을 익히고 써보세요.

글자 풀이　　◐ 상형(象形)문자

두 척의 배를 나란히 붙인 모양을 본뜬 것으로 모나다(方)는 의미이다.

응용 단어

方道(방도) 일에 대한 방법과 도리
東方(동방) 동쪽 지방
前方(전방) 적군과 마주 대하고 있는 지방

方

모 방

부수	획수
方	0

필순	` 一 宀 方					
方	方					
모 방						

❀ 다음 한자의 음을 쓰세요.

우리 오빠는 前方(　　)을 지키는 군인입니다.

그렇게 걱정만 하지 말고 어떤 方道(　　)를 찾아봐야 하지 않느냐?

四方(사방)을 둘러보며

❀ 다음 한자의 음과 뜻을 익히고 써보세요.

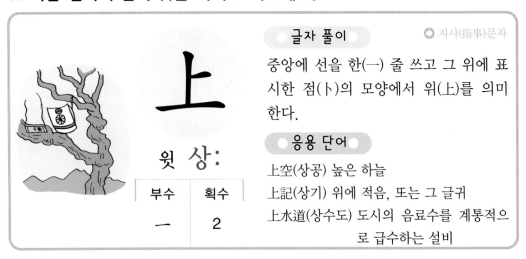

글자 풀이   ◐ 지사(指事)문자

중앙에 선을 한(一) 줄 쓰고 그 위에 표시한 점(卜)의 모양에서 위(上)를 의미한다.

응용 단어

上空(상공) 높은 하늘
上記(상기) 위에 적음, 또는 그 글귀
上水道(상수도) 도시의 음료수를 계통적으로 급수하는 설비

필순	丨 ㅏ 上					
上 윗 상	上					

❀ 다음 한자의 음을 쓰세요.

上水道(   )를 보호하기 위해 폐수 따위를 함부로 버려서는 안 됩니다.

上記(   ) 사실은 틀림이 없음을 증명합니다.

난 이 世上(세상)에서 무서운 것이 하나도 없어.

❀ 다음 한자의 음과 뜻을 익히고 써보세요.

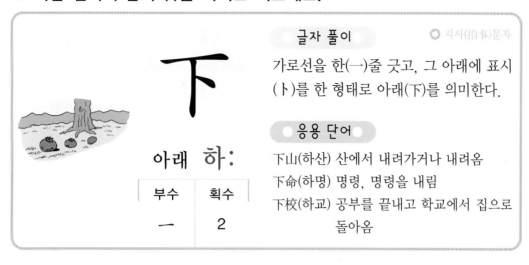

글자 풀이
○ 지사(指事)문자

가로선을 한(一)줄 긋고, 그 아래에 표시
(卜)를 한 형태로 아래(下)를 의미한다.

下
아래 하 :

부수	획수
一	2

응용 단어

下山(하산) 산에서 내려가거나 내려옴
下命(하명) 명령, 명령을 내림
下校(하교) 공부를 끝내고 학교에서 집으로
　　　　　돌아옴

필순	一 丁 下					
下	下					
아래 하						

❀ 다음 한자의 음을 쓰세요.

금숙이는 下校(　　　)하는 길에 친구들
과 떡볶이를 먹기로 했습니다.

홍길동은 도사에게 도술을 다 배우고
下山(　　　)을 하였습니다.

기차역으로 가실 분은 여기서 下車(하차)해 주시기 바랍
니다.

❀ 다음 한자의 음과 뜻을 익히고 써보세요.

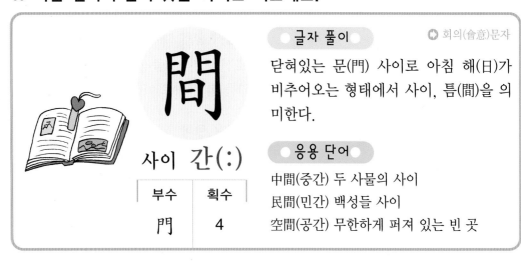

間

사이 간(:)

부수	획수
門	4

글자 풀이　　⬥ 회의(會意)문자

닫혀있는 문(門) 사이로 아침 해(日)가 비추어오는 형태에서 사이, 틈(間)을 의미한다.

응용 단어

中間(중간) 두 사물의 사이
民間(민간) 백성들 사이
空間(공간) 무한하게 퍼져 있는 빈 곳

필순	丨	冂	冂	門	門	門	門	門	門	間	間	間
間	間					
사이 간						

❀ 다음 한자의 음을 쓰세요.

책상 옆에 작은 空間(　　)에 화분 하나를 놓았더니 방안 분위기가 환해졌습니다.

나는 시험 보는 中間(　　)에 갑자기 화장실이 가고 싶어졌습니다.

날짜와 時間(시간)은 분명한데 모이는 곳을 알 수가 있어야지

1. 다음 한자의 음과 뜻을 바르게 연결하세요.

下 •　　　• 있을 •　　　• 상

上 •　　　• 아래 •　　　• 간

有 •　　　• 사이 •　　　• 방

間 •　　　• 모 •　　　• 유

方 •　　　• 윗 •　　　• 하

2. 보기에서 한자의 뜻과 음을 골라 쓰세요.

보기　하, 유, 있을, 아래, 상, 사이, 간, 윗, 모, 방

有	뜻		음	
下	뜻		음	
間	뜻		음	
方	뜻		음	
上	뜻		음	

3. 다음 한자의 음을 쓰세요.

(1) 집에 갈 시間(　)입니다.

(2) 성적이 上(　)승했습니다.

(3) 그는 有(　)명한 배우입니다.

✿ 다음 한자의 음과 뜻을 익히고 써보세요.

글자 풀이 ◉ 회의(會意)문자

무언가를 만들(工) 때 가늠자 등을 들고
(ナ) 오른 손을 돕는 손의 형태에서 왼쪽
(左)을 의미한다.

응용 단어

左手(좌수) 왼 손
左方(좌방) 왼편
左道(좌도) 자기가 믿는 종교 이외의 종교

左 / 왼 좌:

부수	획수
工	2

필순	一 ナ ナ 左 左

左	左				
왼 좌					

✿ 다음 한자의 음을 쓰세요.

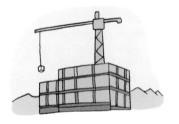

학교의 左方(　　)에 새로운 체육관을
세울 것입니다.

이번 결과에 동의하시면 左手(　　)
를 들어 주시기 바랍니다.

전라도 앞바다를 지키는 左水(좌수)사가 된 이순신은 여수
에 있는 좌수영으로 부임하였습니다.

❈ 다음 한자의 음과 뜻을 익히고 써보세요.

글자 풀이   ◐ 형성(形聲)문자

밥을 먹을 때 음식물을 입(口)으로 나르(ナ)는 손의 모습에서 오른쪽(右)을 의미한다.

右

오른 우:

부수	획수
口	2

응용 단어

左右(좌우) 왼쪽과 오른쪽
右方(우방) 오른편
右心室(우심실) 심장 안의 오른쪽 아랫부분

필순	ノ ナ ナ 右 右				
右 오른 우	右				

❈ 다음 한자의 음을 쓰세요.

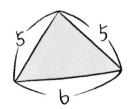

영수는 左右(　　)로 팔을 뻗어 벌을 받고 있습니다.

정면과 右面(　　)과 좌면이 모두 대칭을 이루도록 신경 써 주십시오.

이 길로 쭉 가면 右方(우방)에 시청이 나옵니다.

❀ 다음 한자의 음과 뜻을 익히고 써보세요.

글자 풀이 ◯ 회의(會意)문자

매어있는 배 끈을 칼(刂)로 자르고 배(月)가 나아가는 쪽의 뱃머리, 앞(前)을 의미한다.

응용 단어

午前(오전) 낮 12시 이전
事前(사전) 어떤 일이 일어나기 전
前年(전년) 지난 해, 작년

앞 전

부수	획수
刂(刀)	7

필순	丶 丷 丷 亠 亣 亣 肯 前 前
前 앞 전	前				

❀ 다음 한자의 음을 쓰세요.

여행을 하기 위해서는 事前(　　)에 준비를 철저하게 하여야 합니다.

인수는 午前(　　)에 아버지와 함께 목욕탕에 갔다 왔습니다.

그러다가 며칠 前(전) 바로 이 자리에서 만났던 민들레를 생각해 내었습니다.

✿ 다음 한자의 음과 뜻을 익히고 써보세요.

글자 풀이
⊙ 회의(會意)문자

길(彳)을 걷는데 어린아이(幺)는 걸음이
느려(夂) 뒤진다(後)는 의미이다.

응용 단어

後方(후방) 중심으로부터 뒤쪽
後門(후문) 뒤쪽에 난 문
後事(후사) 죽은 뒤의 일, 뒷일

後

뒤 후:

부수	획수
彳	6

필순	ノ ク 彳 彳 彳 彳 彳 彳 彳 後 後

後	後				
뒤 후					

✿ 다음 한자의 음을 쓰세요.

지금은 보잘 것 없지만, 後世(　　　)
에는 유명해질 것입니다.

국군 아저씨들이 전방에서 나라를 지켜주어 우리
는 後方(　　　)에서 편안히 살 수가 있습니다.

前後(전후)를 잘 살펴서 가세요.

❀ 다음 한자의 음과 뜻을 익히고 써보세요.

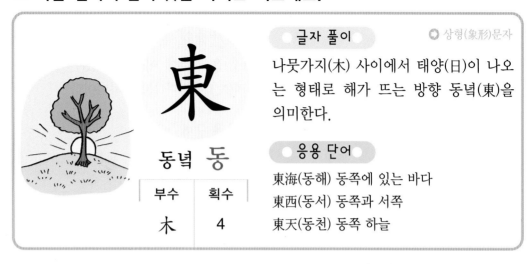

글자 풀이 ○ 상형(象形)문자

나뭇가지(木) 사이에서 태양(日)이 나오는 형태로 해가 뜨는 방향 동녘(東)을 의미한다.

응용 단어

東海(동해) 동쪽에 있는 바다
東西(동서) 동쪽과 서쪽
東天(동천) 동쪽 하늘

동녘 동

부수	획수
木	4

필순	一 ㄷ ㄷ 盲 盲 百 車 東 東

東	東				
동녘 동					

❀ 다음 한자의 음을 쓰세요.

東海(   )에서 해가 떠오르는 모습을 봤습니다.

월드컵으로 東西(   )가 하나가 되었습니다.

해가 뜨는 쪽이 東(동)쪽입니다.

1. 다음 한자의 음과 뜻을 바르게 연결하세요.

東 ·   · 앞 ·   · 우

後 ·   · 동녘 ·   · 전

左 ·   · 오른 ·   · 좌

前 ·   · 왼 ·   · 후

右 ·   · 뒤 ·   · 동

2. 보기에서 한자의 뜻과 음을 골라 쓰세요.

보기: 우, 전, 동녘, 오른, 앞, 후, 동, 뒤, 왼, 좌

左	뜻		음	
右	뜻		음	
後	뜻		음	
東	뜻		음	
前	뜻		음	

3. 다음 한자의 음을 쓰세요.

(1) 수업을 시작하기 前(　)에 숙제검사를 하겠습니다.

(2) 우리나라를 東(　)방예의지국이라고 부릅니다.

(3) 여기서 左(　)회전 하십시오.

❀ 다음 한자의 음과 뜻을 익히고 써보세요.

글자 풀이
ⓞ 상형(象形)문자

해가 서쪽에서 기울 무렵 새가 집으로 들어가는 것에서 서쪽(西)을 의미한다.

西

서녘 서

부수	획수
西	0

응용 단어

西方(서방) 서쪽 지방
西面(서면) 앞을 서쪽으로 향함
西海(서해) 서쪽에 있는 바다

필순	ー 一 一 一 一 一				
西	西				
서녘 서					

❀ 다음 한자의 음을 쓰세요.

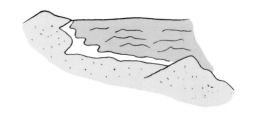

이곳은 西方(　　)에서 들어온 신기한 물건들이 많습니다.

西海(　　)의 바다색은 황색이라 황해라고 부릅니다.

해가 지는 쪽은 西(서)쪽입니다.

❀ 다음 한자의 음과 뜻을 익히고 써보세요.

南

남녘 남

부수	획수
十	7

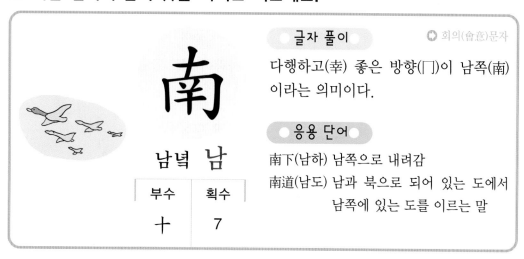

글자 풀이 ➲ 회의(會意)문자

다행하고(幸) 좋은 방향(冂)이 남쪽(南)이라는 의미이다.

응용 단어

南下(남하) 남쪽으로 내려감

南道(남도) 남과 북으로 되어 있는 도에서 남쪽에 있는 도를 이르는 말

필순						
南	南					
남녘 남						

❀ 다음 한자의 음을 쓰세요.

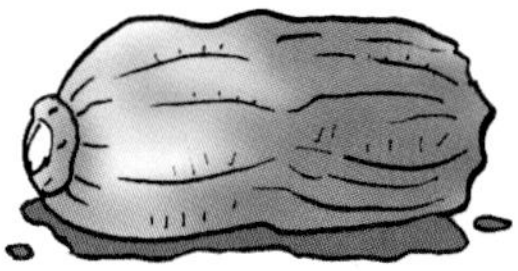

南道(　　)쪽의 음식은 맵고 짠 것이 많습니다.

6.25가 일어나자 사람들은 南下(　　)하여 부산까지 갔습니다.

南(남)쪽으로 걸어서 피난 간 사람도 있고 마을에 남아있는 사람들도 있었습니다.

❀ 다음 한자의 음과 뜻을 익히고 써보세요.

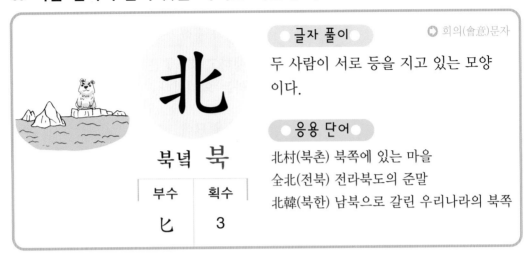

● 회의(會意)문자

글자 풀이

두 사람이 서로 등을 지고 있는 모양이다.

응용 단어

北村(북촌) 북쪽에 있는 마을
全北(전북) 전라북도의 준말
北韓(북한) 남북으로 갈린 우리나라의 북쪽

北 북녘 북

부수	획수
匕	3

필순	ㅣ ㅓ ㅓ ㅓ 北				
北	北				
북녘 북					

❀ 다음 한자의 음을 쓰세요.

北韓(　　)에서 가장 높은 산은 백두산입니다.

익산은 全北(　　)에 있습니다.

공산군은 北(북)쪽으로 달아났습니다.

❀ 다음 한자의 음과 뜻을 익히고 써보세요.

글자 풀이   ◐ 상형(象形)문자

사람이 크게 손과 다리를 벌리고 있는 모습에서 크다(大)는 의미이다.

응용 단어

大道(대도) 큰길
大海(대해) 넓고 큰 바다
大事(대사) 큰 일

큰 대(:)

부수	획수
大	0

필순	一 ナ 大					
大	大					
큰 대						

❀ 다음 한자의 음을 쓰세요.

누나의 결혼이라는 大事(   )를 잘 치러냈습니다.

배를 타고 넓은 大海(   )로 나갔습니다.

경희 소리만 들리지 않았다면 벌써 大門(대문)을 열고 나갔을 겁니다.

✿ 다음 한자의 음과 뜻을 익히고 써보세요.

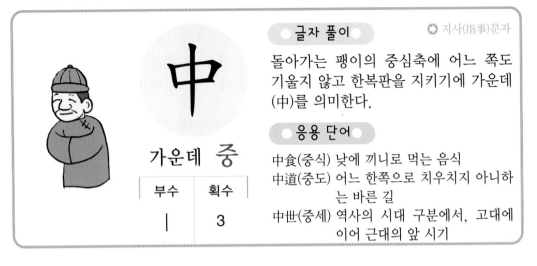

글자 풀이

○ 지사(指事)문자

돌아가는 팽이의 중심축에 어느 쪽도 기울지 않고 한복판을 지키기에 가운데 (中)를 의미한다.

응용 단어

中食(중식) 낮에 끼니로 먹는 음식
中道(중도) 어느 한쪽으로 치우치지 아니하는 바른 길
中世(중세) 역사의 시대 구분에서, 고대에 이어 근대의 앞 시기

가운데 중

부수	획수
ㅣ	3

필순	ㅣ ㅁ 口 中				
中	中				
가운데 중					

✿ 다음 한자의 음을 쓰세요.

오늘 中世(　　)의 유럽을 배경으로 한 영화를 봤습니다.

오늘 中食(　　)으로 자장면을 먹었습니다.

그 中(중)에서도 '선녀와 나무꾼'이 제일 재미있었습니다.

⊘ 확 인 학 습 2 ○ ⊘

1. 다음 한자의 음과 뜻을 바르게 연결하세요.

한자	뜻	음
大 •	• 서녘 •	• 남
北 •	• 가운데 •	• 서
中 •	• 남녘 •	• 대
西 •	• 북녘 •	• 중
南 •	• 큰 •	• 북

2. 보기에서 한자의 뜻과 음을 골라 쓰세요.

> 보기 : 큰, 서녘, 남, 북, 가운데, 북녘, 중, 서, 대, 남녘

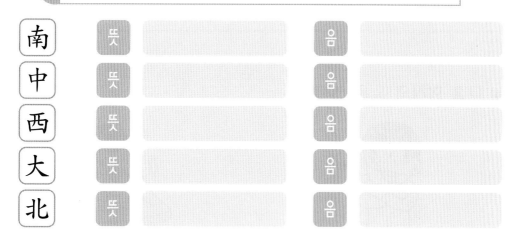

한자	뜻	음
南	뜻	음
中	뜻	음
西	뜻	음
大	뜻	음
北	뜻	음

3. 다음 한자의 음을 쓰세요.

(1) 국어大(   )사전이 필요합니다.

(2) 西(   )쪽 숲은 위험합니다.

(3) 어른이 말씀하시는 中(   )에는 조용히 듣는 것이 예의입니다.

※ 다음 한자의 음과 뜻을 익히고 써보세요.

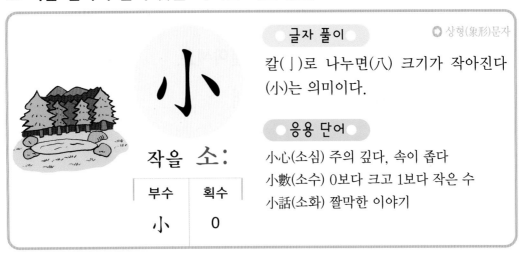

글자 풀이 ○ 상형(象形)문자

칼(刂)로 나누면(八) 크기가 작아진다
(小)는 의미이다.

작을 소:

부수	획수
小	0

응용 단어

小心(소심) 주의 깊다, 속이 좁다
小數(소수) 0보다 크고 1보다 작은 수
小話(소화) 짤막한 이야기

필순	亅 丿 小				
小	小				
작을 소					

※ 다음 한자의 음을 쓰세요.

창완이는 小心(　　)해서 함부로 장난
을 칠 수 없습니다.

웅변대회에서 쓸 小話(　　)를 만들
고 있습니다.

철수는 천자문을 다 배우고 이제 小學(소학)을 공부하고
있습니다.

❀ 다음 한자의 음과 뜻을 익히고 써보세요.

全

온전 전

부수	획수
入	4

◯ 글자 풀이　　　　　◯ 회의(會意)문자

흠이 없는 쪽으로 넣는(入) 구슬(玉)이
니 온전한(全) 구슬이란 의미이다.

◯ 응용 단어

全校(전교) 학교 전체
全力(전력) 모든 힘, 온통의 힘
全然(전연) 아주, 전혀

필순	ノ　入　仝　仐　全　全					
全 온전 전	全					

❀ 다음 한자의 음을 쓰세요.

아침 조회 시간이 되자 全校(　　) 학
생들이 모두 운동장에 집합했습니다.

청군과 백군은 全力(　　)을 다해 줄
다리기를 했습니다.

규칙은 여러 가지 탈 것을 이용하는 사람들을 安全(안전)
하게 보호하기 위한 것입니다.

❁ 다음 한자의 음과 뜻을 익히고 써보세요.

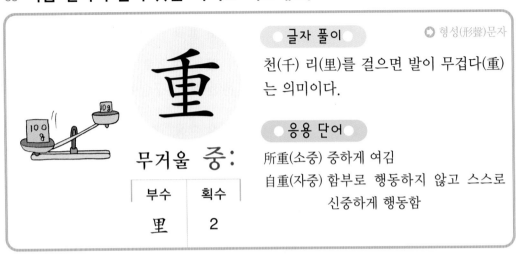

글자 풀이

○ 형성(形聲)문자

천(千) 리(里)를 걸으면 발이 무겁다(重)는 의미이다.

응용 단어

所重(소중) 중하게 여김
自重(자중) 함부로 행동하지 않고 스스로 신중하게 행동함

重

무거울 중:

부수	획수
里	2

필순	ノ　ｱ　千　千　盲　盲　重　重

重	重				
무거울 중					

❁ 다음 한자의 음을 쓰세요.

내 것이 重(　　)하면 남의 것도 所重(　　)한 법입니다.

철수는 지난 날의 잘못을 알고 있으므로 친구들과의 장난에서도 自重(　　)합니다.

그러나 거기 사는 사람들도 모두 자기네의 자연을 所重(소중)히 생각하고, 살기 좋은 곳으로 만들기 위하여 애를 씁니다.

※ 다음 한자의 음과 뜻을 익히고 써보세요.

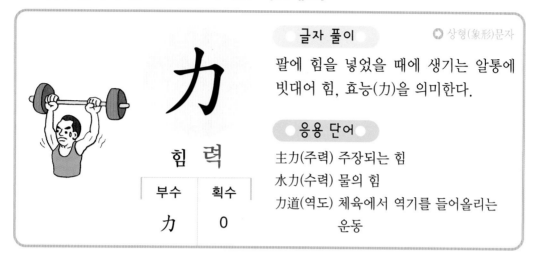

글자 풀이　　　◑ 상형(象形)문자

팔에 힘을 넣었을 때에 생기는 알통에 빗대어 힘, 효능(力)을 의미한다.

응용 단어

主力(주력) 주장되는 힘
水力(수력) 물의 힘
力道(역도) 체육에서 역기를 들어올리는 운동

힘 력

부수	획수
力	0

필순	フ 力					
力	力					
힘 력						

※ 다음 한자의 음을 쓰세요.

우리나라의 力道(　　) 선수인 전병관은 세계적으로 유명한 선수입니다.

水力(　　)발전은 물이 떨어지는 때 생겨나는 에너지를 이용하는 것입니다.

탈 것으로는 사람이 직접 들거나 끄는 가마와 人力車(인력거)가 있었습니다.

❀ 다음 한자의 음과 뜻을 익히고 써보세요.

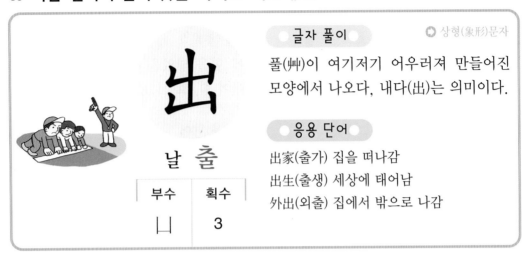

글자 풀이

○ 상형(象形)문자

풀(艸)이 여기저기 어우러져 만들어진 모양에서 나오다, 내다(出)는 의미이다.

응용 단어

出家(출가) 집을 떠나감
出生(출생) 세상에 태어남
外出(외출) 집에서 밖으로 나감

날 출

부수	획수
凵	3

필순	丨 屮 屮 出 出				
出 날 출	出				

❀ 다음 한자의 음을 쓰세요.

작은 언니는 外出(　　)을 하려고 이 옷 저 옷을 입어 봅니다.

서산대사는 어린 나이에 出家(　　)하여 스님이 되었습니다.

경찰들은 사람들이 아무도 나가지 못하도록 出入口(출입구)를 막고 있습니다.

1. 다음 한자의 음과 뜻을 바르게 연결하세요.

重 •	• 온전 •	• 출
小 •	• 무거울 •	• 전
力 •	• 작을 •	• 력
出 •	• 힘 •	• 소
全 •	• 날 •	• 중

2. 보기에서 한자의 뜻과 음을 골라 쓰세요.

보기 온전, 중, 소, 힘, 날, 무거울, 전, 력, 작을, 출

出	뜻		음	
力	뜻		음	
重	뜻		음	
全	뜻		음	
小	뜻		음	

3. 다음 한자의 음을 쓰세요.

(1) 아버지는 아침 일찍 出(   )근하셨습니다.

(2) 내 꿈은 全(   ) 세계를 여행하는 것입니다.

(3) 우주로 나가면 무重(   )력 상태가 된다고 합니다.

❀ 다음 한자의 음과 뜻을 익히고 써보세요.

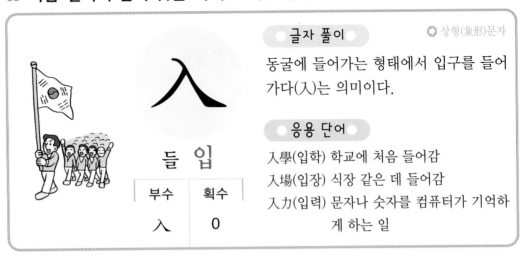

글자 풀이

➲ 상형(象形)문자

동굴에 들어가는 형태에서 입구를 들어
가다(入)는 의미이다.

들 입

부수	획수
入	0

응용 단어

入學(입학) 학교에 처음 들어감
入場(입장) 식장 같은 데 들어감
入力(입력) 문자나 숫자를 컴퓨터가 기억하
게 하는 일

필순	ノ 入					
入	入					
들 입						

❀ 다음 한자의 음을 쓰세요.

지금부터 신랑·신부가 入場(   )하
겠습니다.

논문 자료를 컴퓨터에 入力(   )하
여 저장해 놓습니다.

오늘 入學(입학)을 하고 나면 미연이도 어엿한 學生(학생)
이 됩니다.

※ 다음 한자의 음과 뜻을 익히고 써보세요.

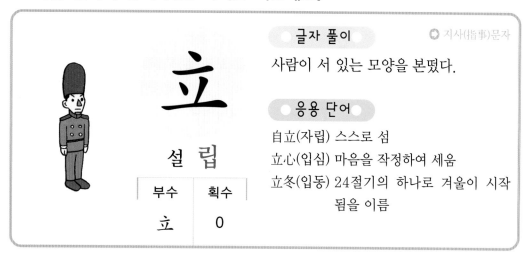

글자 풀이 ◎ 지사(指事)문자

사람이 서 있는 모양을 본떴다.

응용 단어

自立(자립) 스스로 섬
立心(입심) 마음을 작정하여 세움
立冬(입동) 24절기의 하나로 겨울이 시작
됨을 이름

설 립

부수	획수
立	0

필순	丶 一 亠 立 立				
立 설 립	立				

※ 다음 한자의 음을 쓰세요.

立冬(　　)이라 아침저녁으로는 찬 기운이 느껴집니다.

많은 사업가들이 自立(　　)하여 공장을 세웠습니다.

할아버지와 나는 國立(국립)묘지를 한 바퀴 돌았습니다.

❀ 다음 한자의 음과 뜻을 익히고 써보세요.

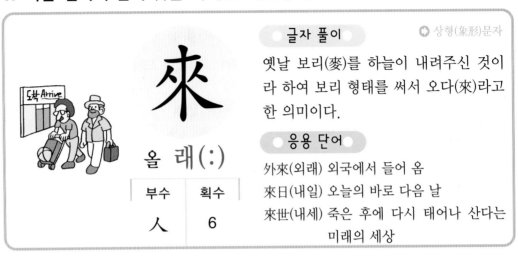

글자 풀이 ➡ 상형(象形)문자

옛날 보리(麥)를 하늘이 내려주신 것이라 하여 보리 형태를 써서 오다(來)라고 한 의미이다.

응용 단어

外來(외래) 외국에서 들어 옴
來日(내일) 오늘의 바로 다음 날
來世(내세) 죽은 후에 다시 태어나 산다는 미래의 세상

올 래(:)

부수	획수
人	6

필순	一　「　「　「下　「下　不　來　來　來				
來	來				
올 래					

❀ 다음 한자의 음을 쓰세요.

來日(　　)부터 기다리고 기다리던 방학입니다.

병원에는 外來(　　) 환자들이 줄을 서서 자기 차례를 기다리고 있습니다.

우리 韓國語(한국어)에는 外來語(외래어)가 대단히 많습니다.

※ 다음 한자의 음과 뜻을 익히고 써보세요.

動

움직일 동:

부수	획수
力	9

⊙ 형성(形聲)문자

글자 풀이

아무리 무거운(重) 것이라도 힘(力)을 가하면 움직인다는 것에서 움직인다 (動)는 의미이다.

응용 단어

出動(출동) 나가서 행동함
生動(생동) 살아 움직임
動力(동력) 어떤 사물을 움직여 나가는 힘

필순	ノ	一	一	亡	占	自	盲	重	重	動	動
動	動										
움직일 동											

※ 다음 한자의 음을 쓰세요.

어린이의 그림이지만 마치 생명이 있는 것처럼 生動(　　)하는 것이 느껴집니다.

이 엄청난 動力(　　)은 바람과 물의 힘에 의한 것입니다.

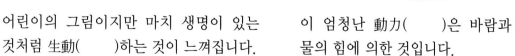

기계가 발달하면서 혼자 타는 자전거와 오토바이가 만들어 졌고 여러 사람이 타는 自動車(자동차)가 발명되었습니다.

❀ 다음 한자의 음과 뜻을 익히고 써보세요.

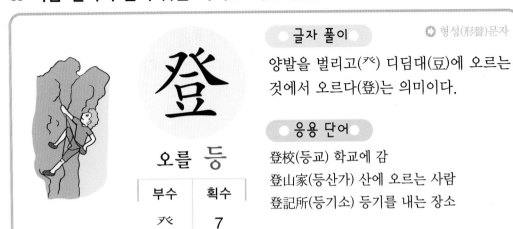

글자 풀이

● 형성(形聲)문자

양발을 벌리고(癶) 디딤대(豆)에 오르는 것에서 오르다(登)는 의미이다.

응용 단어

登校(등교) 학교에 감
登山家(등산가) 산에 오르는 사람
登記所(등기소) 등기를 내는 장소

登

오를 등

부수	획수
癶	7

필순	㇇ ㇈ ㇈ 癶 癶 癶 癶 癶 癶 癶 登 登

登	登				
오를 등					

❀ 다음 한자의 음을 쓰세요.

아버지는 집의 登記(　　)를 내기 위하여 登記所(　　)에 갔습니다.

관악산 초행에 숙련된 登山家(　　)의 도움을 받을 수 있습니다.

登山(등산)은 건강에 매우 좋다.

확인학습22

1. 다음 한자의 음과 뜻을 바르게 연결하세요.

來 ·   · 오를 ·   · 립

登 ·   · 설 ·   · 입

入 ·   · 들 ·   · 동

立 ·   · 올 ·   · 등

動 ·   · 움직일 ·   · 래

2. 보기에서 한자의 뜻과 음을 골라 쓰세요.

> 보기: 립, 래, 오를, 움직일, 동, 설, 등, 올, 들, 입

立   뜻   음

動   뜻   음

入   뜻   음

登   뜻   음

來   뜻   음

3. 다음 한자의 음을 쓰세요.

(1) 동생이 같은 학교에 入( )학했습니다.

(2) 무용시간에 새로운 動( )작을 배웠습니다.

(3) 오늘 할 일을 來( )일로 미뤄서는 안 됩니다.

❀ 다음 한자의 음과 뜻을 익히고 써보세요.

글자 풀이 ◑ 상형(象形)문자

밥(皀)을 그릇에 모아(亼)담은 모양에서 밥, 먹다(食)는 의미이다.

응용 단어

食前(식전) 밥을 먹기 전
生食(생식) 날로 먹음
食口(식구) 한 집안에 살며 끼니를 함께 하는 사람

밥/먹을 식

부수	획수
食	0

필순	ノ 人 亼 今 今 今 食 食 食				
食	食				
밥 식					

❀ 다음 한자의 음을 쓰세요.

아침 食前(　　)에 운동을 하면 아침 밥맛이 좋습니다.

우리 집 食水(　　)는 뒷산의 약수입니다.

이 감기약은 하루에 세 번 食後(식후)에 드십시오.

다음 한자의 음과 뜻을 익히고 써보세요.

生
날 생

부수	획수
生	0

글자 풀이　　● 상형(象形)문자

흙 속에서 눈이 나오는 모습에서 싹이 트다, 태어나다(生)는 의미이다.

응용 단어

平生(평생) 일생
生氣(생기) 싱싱하고 힘찬 기운
生活(생활) 사람이나 동물이 일정한 환경에
　　　　　서 활동하며 살아감

필순	ノ	ノ	ノ	牛	生			
生 날 생	生							

다음 한자의 음을 쓰세요.

오늘따라 정희는 生氣(　　)가 넘칩니다.

학교生活(　　)을 통해 많은 것을 배울 수 있습니다.

先生(선생)님은 엄마 아빠께 효도하는 법에 대해 자세히 말씀해 주셨습니다.

❀ 다음 한자의 음과 뜻을 익히고 써보세요.

늙을 로:

부수	획수
老	0

글자 풀이
⊙ 상형(象形)문자

늙은이의 모양에서 늙다, 쇠퇴하다(老)는 의미이다.

응용 단어

老母(노모) 늙은 어머니
老後(노후) 늙어진 후
老年(노년) 늙은 나이, 늙은 사람

필순	一 十 土 耂 耂 老				
老	老				
늙을 로					

❀ 다음 한자의 음을 쓰세요.

한 청년이 어려운 환경에서 老母(　　)를 모시면서도 항상 밝게 살아갑니다.

베짱이처럼 젊은 시절 흥청망청 지내지 말고 老後(　　)를 생각해야 합니다.

많은 男女老少(남녀노소)들이 넓은 광장으로 모여 들었습니다.

❀ 다음 한자의 음과 뜻을 익히고 써보세요.

글자 풀이   ◐ 회의(會意)문자

모여든(亼) 사람들에게 명령(叩)하고 있는 형태에서 명령하다(命)는 의미이다.

命

목숨 명:

응용 단어

人命(인명) 사람의 목숨
命中(명중) 겨냥한 곳에 바로 맞음
命名(명명) 이름을 지어 붙임

부수	획수
口	5

필순	ノ 人 𠆢 亼 今 命 命 命					
命	命					
목숨 명						

❀ 다음 한자의 음을 쓰세요.

우리나라 양궁 선수들은 10발을 쏘면 9발을 命中(　　)시킵니다.

오늘은 119 소방관 아저씨들이 人命(　　) 구조 방법에 대하여 가르쳐 주셨습니다.

人命(인명)은 재천이다.

❀ 다음 한자의 음과 뜻을 익히고 써보세요.

글자 풀이   ◐ 형성(形聲)문자

혀(舌)를 정신없이 놀리며 먹듯이 활발히 움직이는 물(氵)의 형상에서 살다(活)라는 의미이다.

응용 단어

活力(활력) 살아 움직이는 힘, 활동하는 힘
活語(활어) 현재 쓰이는 말
活氣(활기) 활동하는 원기, 활발한 기개나 기운

살 활

부수	획수
氵(水)	6

필순	﹅ ﹅ 氵 氵 汘 汘 汗 汗 活 活

活	活				
살 활					

❀ 다음 한자의 음을 쓰세요.

의견을 발표하고자 하시는 분은 活氣(   )찬 목소리로 해주시 바랍니다.

生活(   )이 어려운 소년 소녀 가장들이 열심히 살고 있습니다.

정직하고, 예절 바른 生活(생활), 건강한 생활 등을 들 수가 있지.

1. 다음 한자의 음과 뜻을 바르게 연결하세요.

生 •   • 목숨 •   • 생

活 •   • 날 •   • 로

命 •   • 늙을 •   • 식

老 •   • 밥 •   • 활

食 •   • 살 •   • 명

2. 보기에서 한자의 뜻과 음을 골라 쓰세요.

보기: 활, 명, 목숨, 살, 로, 날, 늙을, 생, 밥, 식

食 뜻 [   ] 음 [   ]

活 뜻 [   ] 음 [   ]

老 뜻 [   ] 음 [   ]

生 뜻 [   ] 음 [   ]

命 뜻 [   ] 음 [   ]

3. 다음 한자의 음을 쓰세요.

(1) 후食(　)을 준비해 두었습니다.

(2) 여기는 老(　)약자석입니다.

(3) 오늘도 活(　)기찬 하루를 시작합니다.

❀ 다음 한자의 음과 뜻을 익히고 써보세요.

글자 풀이   ◯ 형성(形聲)문자

타고 있는 불(主)처럼 사람(人)이 한 곳에서 꼼짝 않고 머무는 것에서 살다(住)는 의미이다.

응용 단어

安住(안주) 편안하게 삶
內住(내주) 안에 삶
住所地(주소지) 주소로 되어 있는 땅

살 주:

부수	획수
人	5

필순	ノ イ イ 仁 什 住 住
住	住				
살 주					

❀ 다음 한자의 음을 쓰세요.

항상 떠돌아다니던 외삼촌이 결혼해서 安住(   )하게 되었습니다.

옛날에 사귀었던 친구 집을 찾아 갔지만 그 住所地(   )에 없었습니다.

住民(주민)들이 구름처럼 몰려 들었습니다.

❀ 다음 한자의 음과 뜻을 익히고 써보세요.

農

농사 농

부수	획수
辰	6

글자 풀이 ◐ 회의(會意)문자

아침 일찍(辰)부터 논에 나가 도구(曲)를 갖고 일하는 것에서 농사를 짓다(農)는 의미이다.

응용 단어

農家(농가) 농민의 집
農夫(농부) 농업에 종사하는 사람
農土(농토) 농사짓는 땅

필순	⺀ 冂 曰 甶 曲 曲 曲 严 严 严 農 農 農
農	農
농사 농	

❀ 다음 한자의 음을 쓰세요.

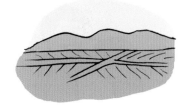

윗동네 동수는 아버지의 뒤를 이어 農夫(　　)가 되는 것이 꿈입니다.

철원에서 農場(　　)을 하시는 아저씨 댁에서는 젖소를 기릅니다.

農場(농장)이 있는 들판

※ 다음 한자의 음과 뜻을 익히고 써보세요.

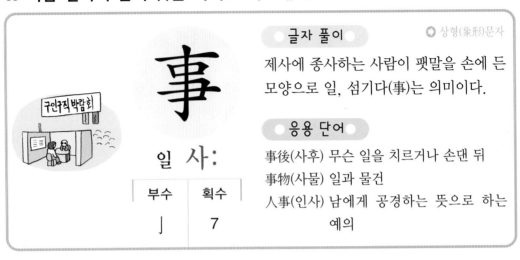

| 글자 풀이 | 상형(象形)문자 |

제사에 종사하는 사람이 팻말을 손에 든 모양으로 일, 섬기다(事)는 의미이다.

응용 단어

事後(사후) 무슨 일을 치르거나 손댄 뒤
事物(사물) 일과 물건
人事(인사) 남에게 공경하는 뜻으로 하는 예의

일 사:

부수	획수
亅	7

필순	一 𠃌 𠄌 彐 彐 彐 事
事	事					
일 사						

※ 다음 한자의 음을 쓰세요.

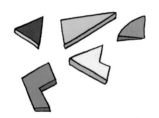

여기에 있는 事物(　　)들의 형태를 보고 어울리는 자리에 놓으시오.

事後(　　)에라도 어떤 말을 듣지 않도록 조심해라.

사나이는 농부에게 작별 人事(인사)를 하고, 자기 집을 향해 떠났습니다.

❀ 다음 한자의 음과 뜻을 익히고 써보세요.

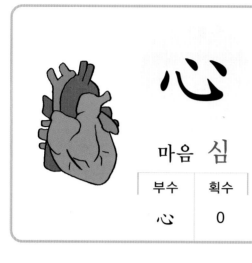

글자 풀이　　　　◐ 상형(象形)문자

心

마음 심

부수	획수
心	0

옛날 사람은 무언가를 생각하는 마음의 활용이 심장에 있다고 생각하여 심장, 마음(心)을 나타낸다.

응용 단어

中心(중심) 가운데
心事(심사) 마음에 새기는 일
心地(심지) 마음의 본바탕, 마음자리

필순	＼　心　心　心				
心 마음 심	心				

❀ 다음 한자의 음을 쓰세요.

心地(　　　)가 굳은 그 청년은 온갖 역경 속에서도 공부를 마쳤습니다.

체육시간에 평균대에 올라간 영수는 中心(　　　)을 못 잡고 떨어졌습니다.

과연 환웅의 말대로 신비로운 백두산을 中心(중심)으로 뻗친 금수강산은 아름답고도, 세상을 널리 이롭게 할 만한 곳이었다.

❀ 다음 한자의 음과 뜻을 익히고 써보세요.

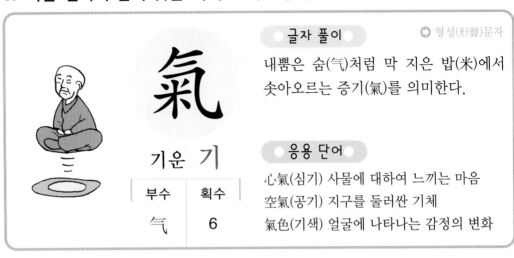

글자 풀이 ◐ 형성(形聲)문자

내뿜은 숨(气)처럼 막 지은 밥(米)에서 솟아오르는 증기(氣)를 의미한다.

氣

기운 기

부수	획수
气	6

응용 단어

心氣(심기) 사물에 대하여 느끼는 마음
空氣(공기) 지구를 둘러싼 기체
氣色(기색) 얼굴에 나타나는 감정의 변화

필순	′ 𠂉 𠂉 气 气 气 氞 氣 氣 氣				
氣	氣				
기운 기					

❀ 다음 한자의 음을 쓰세요.

전보를 받자 어머니의 氣色(　　)이 붉게 변하셨습니다.

공장에서 뿜어 나오는 검은 연기 때문에 空氣(　　)가 많이 오염되었습니다.

電車(전차)는 電氣(전기)의 힘으로 움직이고, 기차는 석탄, 기름, 전기의 힘으로 움직이며, 전철은 전기로만 움직입니다.

1. 다음 한자의 음과 뜻을 바르게 연결하세요.

農 •   • 살 •   • 심

事 •   • 마음 •   • 농

住 •   • 농사 •   • 주

氣 •   • 일 •   • 기

心 •   • 기운 •   • 사

2. 보기에서 한자의 뜻과 음을 골라 쓰세요.

> 보기   심, 사, 기운, 살, 마음, 농, 기, 일, 주, 농사

事	뜻		음	
住	뜻		음	
氣	뜻		음	
心	뜻		음	
農	뜻		음	

3. 다음 한자의 음을 쓰세요.

(1) 오늘따라 우리 집 강아지 펀치가 氣(   )운이 없습니다.

(2) 우리 할아버지는 벼農(   )사를 지으십니다.

(3) 진수는 事(   )고뭉치입니다.

❀ 다음 한자의 음과 뜻을 익히고 써보세요.

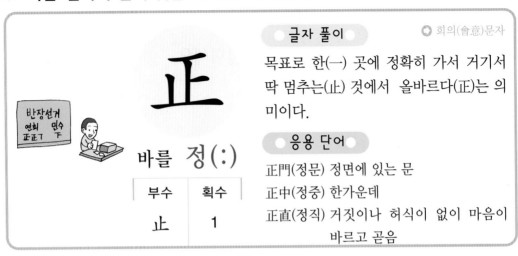

글자 풀이 ⊙ 회의(會意)문자

목표로 한(一) 곳에 정확히 가서 거기서 딱 멈추는(止) 것에서 올바르다(正)는 의미이다.

응용 단어

正門(정문) 정면에 있는 문
正中(정중) 한가운데
正直(정직) 거짓이나 허식이 없이 마음이 바르고 곧음

바를 정(:)

부수	획수
止	1

필순	一 丁 下 下 正 正

正	正				
바를 정					

❀ 다음 한자의 음을 쓰세요.

형네 학교 正門(　　)에는 학교를 상징하는 곰이 세워져 있습니다.

사람이라면 먼저 正直(　　)해야지 진실성이 있는 것입니다.

正直(정직)하고, 예절 바른 生活(생활), 건강한 생활 등을 들 수가 있지.

❀ 다음 한자의 음과 뜻을 익히고 써보세요.

直

곧을 직

부수	획수
目	3

글자 풀이   ◐ 상형(象形)문자

숨어(乚) 있어도 열(十) 사람의 눈(目)
이 보면 나쁜 짓은 할 수 없기에 바로
(直)를 의미한다.

응용 단어

直面(직면) 똑바로 마주 봄
直答(직답) 직접 답함
下直(하직) 헤어짐

필순	一 十 十 古 古 占 直 直 直

直	直				
곧을 직					

❀ 다음 한자의 음을 쓰세요.

철수는 부모님께 下直(   ) 인사를
드리고 길을 떠났습니다.

막상 그 상황에 直面(   )해 보니,
당황하지 않을 수 없군요.

> 正直(정직)하고, 예절 바른 生活(생활), 건강한 생활 등을
> 들 수가 있지.

❀ 다음 한자의 음과 뜻을 익히고 써보세요.

글자 풀이　　　◯ 회의(會意)문자

사람(人)은 불편한 것을 고쳐서(更) 편해(便)지려고 한다는 의미이다.

응용 단어

人便(인편) 사람에게 부탁하여 행함
車便(차편) 버스 등에 부탁하여 행함
便紙(편지) 소식을 알리거나 용건을 적어 보내는 글

편할 편(:)

부수	획수
人	7

필순	ノ　イ　イ　宀　仃　何　佰　便　便
便　便					
편할 편					

❀ 다음 한자의 음을 쓰세요.

시골에 사는 외할머니는 곶감을 人便
(　　　)으로 보내오셨습니다.

방학 기간 동안에 선생님께 便紙(　　　)
를 썼습니다.

어린 아이들이 不便(불편)한 의자에 앉으면 허리가 휘어진
다고 합니다.

❀ 다음 한자의 음과 뜻을 익히고 써보세요.

글자 풀이   ◐ 회의(會意)문자

집안(宀)에 여인(女)이 있어 집을 지키면 가정이 평화롭다는 데서 편안하다(安)는 의미이다.

응용 단어

便安(편안) 불편이 없음
問安(문안) 웃어른에게 안부를 여쭘
安心(안심) 근심 걱정이 없고 마음이 편안함

편안 안

부수	획수
宀	3

필순	`丶` `ヽ` `宀` `宀` `安` `安`					
安	安					
편안 안						

❀ 다음 한자의 음을 쓰세요.

먼저 問安(　　) 인사를 올리겠습니다.

이제 급한 불은 다 꺼졌으니 安心(　　) 하시기 바랍니다.

규칙은 여러 가지 탈 것을 이용하는 사람들을 安全(안전)하게 보호하기 위한 것입니다.

❀ 다음 한자의 음과 뜻을 익히고 써보세요.

글자 풀이	⊕ 회의(會意)문자

사람(亻)이 큰 나무(木) 아래에서 잠시 쉬는 것에서 쉬다(休)는 의미이다.

글자 풀이 아래 그림: 쉴 휴

부수	획수
人	4

응용 단어

休日(휴일) 일을 중지하고 노는 날
休學(휴학) 학업을 쉼
休紙(휴지) 못 쓰게 된 종이, 버리게 된
　　　　　물건

필순	ノ　イ　亻　什　休　休
休	休					
쉴 휴						

❀ 다음 한자의 음을 쓰세요.

지난 休日(　　)에는 가족과 함께 등 산을 갔습니다.

오빠는 영어도 배울 겸 1년간 休學(　　) 하고 미국에 갈 생각입니다.

休紙(휴지)를 버리지 맙시다!

1. 다음 한자의 음과 뜻을 바르게 연결하세요.

便 •   • 쉴 •   • 안

休 •   • 편할 •   • 정

正 •   • 곧을 •   • 휴

安 •   • 바를 •   • 편

直 •   • 편안 •   • 직

2. 보기에서 한자의 뜻과 음을 골라 쓰세요.

보기: 안, 직, 쉴, 편안, 정, 곧을, 휴, 편, 바를, 편할

3. 다음 한자의 음을 쓰세요.

(1) 먼저 直(　)선을 긋습니다.

(2) 아빠의 休(　)가 때를 맞춰 여행계획을 세웠습니다.

(3) 安(　)전한지 먼저 확인 후에 건너야 합니다.

❀ 다음 한자의 음과 뜻을 익히고 써보세요.

아닐 불

부수	획수
一	3

◐ 상형(象形)문자

● 글자 풀이

새가 내려오지 않는 〈~하지 않다. ~이 아니다〉라고 말하는 것처럼 말을 부정하는 의미이다.

● 응용 단어

不平(불평) 공평하지 아니함
不正(부정) 바르지 않음, 옳지 않음
不足(부족) 넉넉하지 못함, 모자람

필순	一 丆 歹 不					
不	不					
아니 불						

❀ 다음 한자의 음을 쓰세요.

그렇게 행동하는 것은 不正(　　)한 행동이다.

철수는 먹은 밥이 不足(　　)한 듯이 남의 밥을 자꾸 넘보았습니다.

처음에는 不平(불평)하는 군사들이 있었지만 얼마 지나지 않아 모두 열심히 하게 되었습니다.

다음 한자의 음과 뜻을 익히고 써보세요.

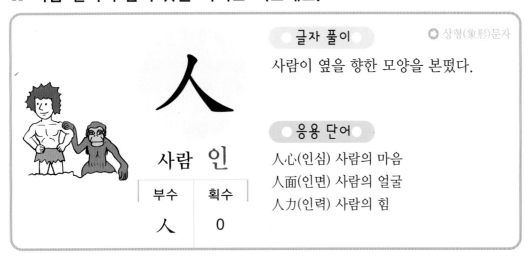

人

사람 인

부수	획수
人	0

글자 풀이 ● 상형(象形)문자

사람이 옆을 향한 모양을 본떴다.

응용 단어

人心(인심) 사람의 마음
人面(인면) 사람의 얼굴
人力(인력) 사람의 힘

필순	ノ 人					
人	人					
사람 인						

다음 한자의 음을 쓰세요.

세상에는 人力(　　　)으로 안 되는 일
이 있습니다.

시골은 도시보다 人心(　　　)이 좋습
니다.

자랑스런 軍人(군인) 아저씨들이 행진합니다.

❀ 다음 한자의 음과 뜻을 익히고 써보세요.

手

손 수(:)

부수	획수
手	0

글자 풀이　　○ 상형(象形)문자

다섯 개의 손가락과 손바닥과 팔의 형태에서 손(手)을 의미한다.

응용 단어

旗手(기수) 깃발을 든 사람
手工(수공) 손으로 만든 공예
歌手(가수) 노래를 부르는 것을 직업으로
　　　　　삼는 사람

필순	ノ ニ 三 手					
手	手					
손 수						

❀ 다음 한자의 음을 쓰세요.

노래를 무진장 못하는 내 동생 인자는 커서 歌手(　　)가 된다고 합니다.

이 가구는 작지만 오랜 시간이 걸려 만든 아주 귀한 手工(　　)품입니다.

"오늘부터 여러 장수들은 배를 만드는 木手(목수)들을 모아 이 설계도대로 배를 만드시오!"

※ 다음 한자의 음과 뜻을 익히고 써보세요.

足

발 족

부수	획수
足	0

◯ 상형(象形)문자

◯ 글자 풀이
발 전체의 모양을 본떴다.

◯ 응용 단어
手足(수족) 손과 발
自足(자족) 스스로 넉넉함을 느낌
足下(족하) 편지 받을 사람의 성명 아래에
　　　　　쓰는 말

필순	ノ 口 口 ワ ワ ア 足 足					
足	足					
발 족						

※ 다음 한자의 음을 쓰세요.

김동성 足下(　　), 그동안 어떻게 지
내셨습니까?

철수는 아프신 어머니의 手足(　　)
이 되어 생활하고 있습니다.

手足(수족)을 따뜻하게 하십시오.

❀ 다음 한자의 음과 뜻을 익히고 써보세요.

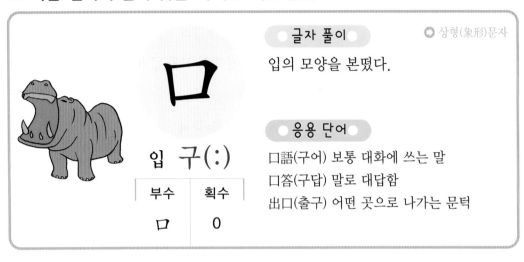

글자 풀이   ◑ 상형(象形)문자

입의 모양을 본떴다.

입 구(:)

부수	획수
口	0

응용 단어

口語(구어) 보통 대화에 쓰는 말
口答(구답) 말로 대답함
出口(출구) 어떤 곳으로 나가는 문턱

필순	丨 冂 口					
口	口					
입 구						

❀ 다음 한자의 음을 쓰세요.

이번 시험의 형식은 시험지를 보고 口答(　　)하는 형식입니다.

入口(　　)는 오른쪽, 出口(　　)는 왼쪽을 이용해 주시기 바랍니다.

철수네 食口(식구)는 아빠, 엄마, 철수, 순희 모두 네 명입니다.

1. 다음 한자의 음과 뜻을 바르게 연결하세요.

不 •   • 사람 •   • 불

足 •   • 입 •   • 인

人 •   • 아닐 •   • 수

手 •   • 발 •   • 구

口 •   • 손 •   • 족

2. 보기에서 한자의 뜻과 음을 골라 쓰세요.

보기   손, 발, 불, 인, 사람, 아닐, 수, 구, 입, 족

足   뜻   음

口   뜻   음

手   뜻   음

人   뜻   음

不   뜻   음

3. 다음 한자의 음을 쓰세요.

(1) 용돈을 모아 예쁜 人(   )형을 샀습니다.

(2) 시험공부를 제대로 못해서 조금 不(   )안합니다.

(3) 出(   )구를 찾지 못하겠습니다.

❀ 다음 한자의 음과 뜻을 익히고 써보세요.

성 성:

부수	획수
女	5

글자 풀이

◉ 형성(形聲)문자

여자(女)가 아기를 낳으면(生) 그 아기에게 성(姓)이 붙는다는 의미이다.

응용 단어

姓字(성자) 성을 표시하는 글자
同姓(동성) 같은 성
國姓(국성) 성과 본이 임금과 같은 성

필순	㇂ ㇂ 女 女 女 女⁼ 姓 姓					
姓	姓					
성 성						

❀ 다음 한자의 음을 쓰세요.

옛날에는 國姓(　　)이면 대부분 높은 벼슬을 할 수가 있었습니다.

우리나라의 姓字(　　)는 모두 한자로 되어 있습니다.

비석 하나하나에 돌아간 이의 姓名(성명)과 육·해·공군 혹은 경찰관 등의 표시가 있고 계급이 밝혀져 있었습니다.

※ 다음 한자의 음과 뜻을 익히고 써보세요.

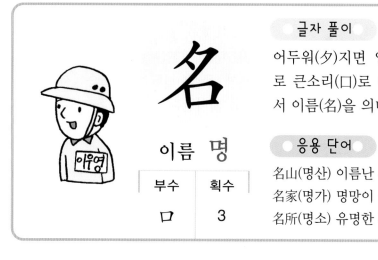

글자 풀이 　○ 회의(會意)문자

어두워(夕)지면 얼굴이 보이지 않으므로 큰소리(口)로 이름을 부르라는 것에서 이름(名)을 의미한다.

이름 명

응용 단어

名山(명산) 이름난 산
名家(명가) 명망이 높은 가문
名所(명소) 유명한 장소

부수	획수
口	3

필순	ノ ク タ タ 夕 名 名					
名	名					
이름 명						

※ 다음 한자의 음을 쓰세요.

이 집은 자개 공예에 있어서는 名家 (　　　)로 통합니다.

남대문 시장은 서울의 名所(　　　)로 알려져 있습니다.

배에는 한꺼번에 120名(명)이 탈 수 있으며 양옆으로 여러 개의 노가 나와 있습니다.

❀ 다음 한자의 음과 뜻을 익히고 써보세요.

글자 풀이 ● 형성(形聲)문자

해가 아침 일찍(早) 물 위로 나오듯이 빠르게 무성(艸)해지는 모습에서 잡풀(草)을 의미한다.

응용 단어

草食(초식) 푸성귀로만 만든 음식
草木(초목) 풀과 나무
草家(초가) 볏짚, 밀짚 등으로 지붕을 인 집

草

풀 초

부수	획수
++(艸)	6

필순	一 十 卄 艹 丼 芍 芦 苩 苩 苩 草 草

草	草				
풀 초					

❀ 다음 한자의 음을 쓰세요.

육식보다는 草食(　　)을 하는 것이 건강에 좋다고 합니다.

제비가 草家(　　)지붕 위에 줄지어 앉아 있습니다.

뜰 안에 아름다운 花草(화초)가 많습니다.

❀ 다음 한자의 음과 뜻을 익히고 써보세요.

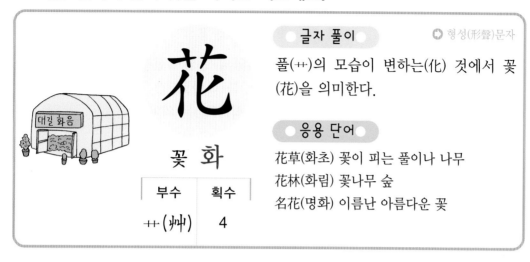

글자 풀이　　　○ 형성(形聲)문자

풀(艹)의 모습이 변하는(化) 것에서 꽃(花)을 의미한다.

응용 단어

花草(화초) 꽃이 피는 풀이나 나무
花林(화림) 꽃나무 숲
名花(명화) 이름난 아름다운 꽃

꽃 화

부수	획수
++ (艸)	4

필순	一　十　卄　产　艾　芢　花　花				
花	花				
꽃 화					

❀ 다음 한자의 음을 쓰세요.

화원에는 名花(　　　)들이 예쁘게 피어 있었습니다.

나는 철수의 생일 선물로 花草(　　　) 하나를 준비하였습니다.

우리나라의 國花(국화)는 무궁화입니다.

✿ 다음 한자의 음과 뜻을 익히고 써보세요.

植

심을 식

부수	획수
木	8

글자 풀이 ◐ 형성(形聲)문자

10인의 눈앞에선 순수해지듯이 나무(木)를 똑바로(直) 세워서 키우는 것에서 심다(植)는 의미이다.

응용 단어

植字(식자) 인쇄소에서 활자로 판을 짜는 일
植物(식물) 생물계에서 동물과 둘로 크게 구분되는 일군의 생물의 총칭

필순	一 十 オ オ 木 朾 柿 柿 柿 柿 植 植

植	植				
심을 식					

✿ 다음 한자의 음을 쓰세요.

植物(　　　)도 사람의 말을 알아듣고 반응합니다.

신문사에서는 매일 매일 植字(　　　)를 합니다.

4월 5일 植木日(식목일)에 안마당에 花草(화초)를 심기로 했습니다.

1. 다음 한자의 음과 뜻을 바르게 연결하세요.

草 •　　　　　•　성　•　　　　　•　식

植 •　　　　•　이름　•　　　　•　초

姓 •　　　　　•　풀　•　　　　　•　화

花 •　　　　•　심을　•　　　　•　명

名 •　　　　　•　꽃　•　　　　　•　성

2. 보기에서 한자의 뜻과 음을 골라 쓰세요.

보기　성, 식, 이름, 풀, 심을, 명, 성, 초, 꽃, 화

花　뜻　　　　　　음

植　뜻　　　　　　음

姓　뜻　　　　　　음

名　뜻　　　　　　음

草　뜻　　　　　　음

3. 다음 한자의 음을 쓰세요.

(1) 아버지는 등산을 좋아하셔서 전국의 名(　)산은 모두 가보셨습니다.

(2) 할머니께서 花(　)전을 부쳐 주셨습니다.

(3) 우리 마을은 草(　)목이 우거진 산자락에 있습니다.

❀ 다음 한자의 음과 뜻을 익히고 써보세요.

江

강 강

부수	획수
氵(水)	3

글자 풀이   ● 형성(形聲)문자

물(水)이 오랜 세월 흐르면서 만든(工) 것이 강(江)이란 의미이다.

응용 단어

江南(강남) 강의 남쪽
江村(강촌) 강가의 마을
大同江(대동강) 평양의 중심을 흐르는 강

필순	` ` 氵 氵 汀 江 江
江	江				
강 강					

❀ 다음 한자의 음을 쓰세요.

내가 어릴 적 살던 곳은 작고 조용한 江村(   )입니다.

大同江(   ) 강가에 많은 강태공들이 낚시를 하고 있습니다.

江(강)이나 바다를 다니는 배가 있습니다.

❀ 다음 한자의 음과 뜻을 익히고 써보세요.

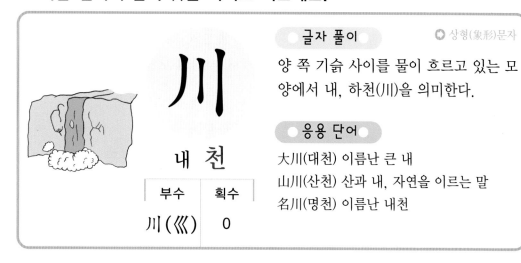

● 글자 풀이
○ 상형(象形)문자

양 쪽 기슭 사이를 물이 흐르고 있는 모양에서 내, 하천(川)을 의미한다.

川

내 천

부수	획수
川(巛)	0

● 응용 단어

大川(대천) 이름난 큰 내
山川(산천) 산과 내, 자연을 이르는 말
名川(명천) 이름난 내천

필순	ノ 刂 川					
川	川					
내 천						

❀ 다음 한자의 음을 쓰세요.

동네를 가로 질러 흐르는 大川(　　)에서는 썰매타기가 한창입니다.

춘천의 名川(　　)으로는 소양강이 있습니다.

옛날 화랑들은 名山大川(명산대천)을 돌아다니며 심신을 수련했습니다.

❀ 다음 한자의 음과 뜻을 익히고 써보세요.

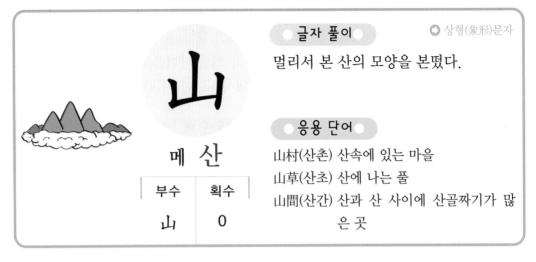

	글자 풀이	⬥ 상형(象形)문자
山	멀리서 본 산의 모양을 본떴다.	

메 산

응용 단어

山村(산촌) 산속에 있는 마을
山草(산초) 산에 나는 풀
山間(산간) 산과 산 사이에 산골짜기가 많
　　　은 곳

부수	획수
山	0

필순	ㅣ 丄 山				
山 메 산	山				

❀ 다음 한자의 음을 쓰세요.

아버지의 고향은 강원도의 山村(　　)
입니다.

山草(　　)들 중에는 약으로 쓸 수 있
는 것도 있습니다.

의용군으로 끌려가지 않으려고 마루 밑에 숨기도 하고 山
(산)속에 가서 숨기도 했습니다.

❀ 다음 한자의 음과 뜻을 익히고 써보세요.

海

바다 해:

부수	획수
氵(水)	7

글자 풀이 ◐ 형성(形聲)문자

강물(氵)은 매양(每) 바다(海)로 통한다는 의미이다.

응용 단어

海水(해수) 바닷물
海物(해물) 바다에서 나는 온갖 물건
海外(해외) 바다를 사이에 두고 떨어져 있는 나라

필순	` ` 氵 氵 汇 汇 海 海 海 海				
海	海				
바다 해					

❀ 다음 한자의 음을 쓰세요.

온갖 海物(　　)을 넣고 맛있는 해물탕을 끓여 먹었습니다.

IMF로 인해서 海外(　　)여행이 점점 줄어들고 있습니다.

육지에서 승리를 거듭하자, 왜군은 많은 水軍(수군)을 西海(서해)로 나아가게 하였습니다.

❀ 다음 한자의 음과 뜻을 익히고 써보세요.

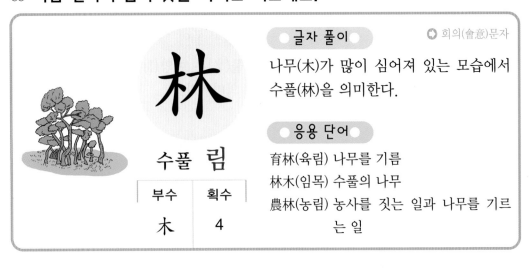

글자 풀이   ◉ 회의(會意)문자

나무(木)가 많이 심어져 있는 모습에서 수풀(林)을 의미한다.

응용 단어

育林(육림) 나무를 기름
林木(임목) 수풀의 나무
農林(농림) 농사를 짓는 일과 나무를 기르는 일

林

수풀 림

부수	획수
木	4

필순	一 十 才 才 木 朴 杧 林				
林	林				
수풀 림					

❀ 다음 한자의 음을 쓰세요.

푸른 숲을 만들기 위하여 育林(   )
의 날을 제정하였습니다.

시골에 사시는 외삼촌은 農林(   )
업을 하십니다.

山林(산림)은 가꾸는데 많은 노력을 기울여야 합니다.

1. 다음 한자의 음과 뜻을 바르게 연결하세요.

川 ·
海 ·
林 ·
江 ·
山 ·

· 강 ·
· 내 ·
· 메 ·
· 수풀 ·
· 바다 ·

· 산
· 강
· 림
· 해
· 천

2. 보기에서 한자의 뜻과 음을 골라 쓰세요.

보기   천, 산, 강, 내, 수풀, 림, 해, 강, 메, 바다

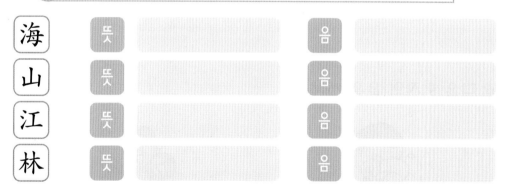

海 뜻 [   ]   음 [   ]
山 뜻 [   ]   음 [   ]
江 뜻 [   ]   음 [   ]
林 뜻 [   ]   음 [   ]
川 뜻 [   ]   음 [   ]

3. 다음 한자의 음을 쓰세요.

(1) 山(   )에도 들에도 흰 눈이 내렸습니다.

(2) 학교 수업으로 海(   )양박물관을 견학하였습니다.

(3) 이 江(   )은 마을 사람들의 식수로 쓰입니다.

❀ 다음 한자의 음과 뜻을 익히고 써보세요.

글자 풀이	◉ 상형(象形)문자

自

스스로 자

부수	획수
自	0

자기의 코를 가르키면서 나(自)라고 한 것에서 자기(自)를 의미한다.

응용 단어

自國(자국) 제 나라
自白(자백) 스스로의 죄를 고백함
自立(자립) 남의 힘을 입지 않고 스스로 일어섬

필순	′ ′ ′ ′ ′ ′ 自 自 自

自	自				
스스로 자					

❀ 다음 한자의 음을 쓰세요.

철수는 선생님에게 순희의 돈을 훔쳤다고 自白(　　)했습니다.

어린이들이 커서 스스로 自立(　　)할 수 있도록 키워야 합니다.

아름다운 우리 自然(자연)을 가꾸고 보호해야 합니다.

✿ 다음 한자의 음과 뜻을 익히고 써보세요.

글자 풀이

◉ 회의(會意)문자

불(灬)로 개(犬)고기(肉)를 그을려 태워 (然) 먹는 일은 당연(然)하기에 그러하다(然)는 의미이다.

然

그럴 연

부수	획수
灬(火)	8

응용 단어

天然(천연) 사람의 힘을 가하지 않은 상태
然後(연후) 그러한 뒤
自然(자연) 꾸밈없이, 산천초목과 같은 자연물

필순	ノ ク タ タ タ― 夕 外 夕犬 夕犬 夕犬 然 然

然	然				
그럴 연					

✿ 다음 한자의 음을 쓰세요.

수업이 끝난 然後(   )에 그 소식을 들었습니다.

오늘은 自然(   ) 속에서 즐거운 하루를 보내기로 했습니다.

이 세상에는 좋지 않은 自然(자연)을 가진 나라가 많습니다.

※ 다음 한자의 음과 뜻을 익히고 써보세요.

春

봄 춘

부수	획수
日	5

● 형성(形聲)문자

◯ 글자 풀이

따뜻한 햇살(日)에 초목의 새순이 돋아나기 시작하는 계절에서 봄(春)을 의미한다.

◯ 응용 단어

春色(춘색) 봄날의 아름다운 경치
春川(춘천) 강원도의 도청 소재지
立春(입춘) 24절기의 하나, 봄이 시작되는 시기

필순	一 二 三 声 夫 未 春 春 春

春	春				
봄 춘					

※ 다음 한자의 음을 쓰세요.

春川(　　　) 주변에는 많은 댐들이 있습니다.

계절이 立春(　　　)이라 날씨가 따뜻해지면서 새싹들이 돋아나기 시작했습니다.

봄이되자 靑春男女(청춘남녀)들이 손에 손을 잡고 거리로 나오고 있습니다.

❀ 다음 한자의 음과 뜻을 익히고 써보세요.

夏

여름 하:

부수	획수
夂	7

글자 풀이 ○ 회의(會意)문자

천천히 걸어도(夂) 머리(頁)에 땀이 나는 여름(夏)이라는 의미이다.

응용 단어

夏時(하시) 여름철
夏冬(하동) 여름과 겨울
夏海(하해) 여름 바다

필순	一 一 一 一 一 一 一 一 一 夏 夏
夏	夏				
여름 하					

❀ 다음 한자의 음을 쓰세요.

올 夏時(　　　)에는 그다지 덥지 않다고 합니다.

夏冬(　　　)의 날씨는 덥고 추움이 너무 심해서 적응하기가 힘이 듭니다.

효夏(입하)가 되니 날씨가 꽤나 더워지는 것 같습니다.

❀ 다음 한자의 음과 뜻을 익히고 써보세요.

글자 풀이	○ 회의(會意)문자

벼(禾)가 불(火)빛 같은 태양에 익는 계절이니 가을(秋)이란 의미이다.

응용 단어

秋天(추천) 가을 하늘
春秋(춘추) 봄과 가을. 나이
秋月(추월) 가을 달

秋
가을 추

부수	획수
禾	4

필순	ノ 二 千 禾 禾 禾 秒 秋 秋

秋	秋					
가을 추						

❀ 다음 한자의 음을 쓰세요.

우리나라의 秋天(　　)은 높고 파랗습니다.

할아버님의 春秋(　　)는 여든일곱이십니다.

秋夕(추석)에는 많은 친척들이 모이고 밤에는 둥근달이 떠오릅니다.

1. 다음 한자의 음과 뜻을 바르게 연결하세요.

自 ·   · 봄 ·   · 하

春 ·   · 여름 ·   · 자

然 ·   · 스스로 ·   · 연

秋 ·   · 그럴 ·   · 추

夏 ·   · 가을 ·   · 춘

2. 보기에서 한자의 뜻과 음을 골라 쓰세요.

보기	춘, 추, 스스로, 가을, 하, 여름, 자, 그럴, 봄, 연

然	뜻		음	
秋	뜻		음	
夏	뜻		음	
春	뜻		음	
自	뜻		음	

3. 다음 한자의 음을 쓰세요.

(1) 무슨 일이든 自(   )신감을 갖고 하면 이뤄낼 수 있습니다.

(2) 秋(   )석 열차표를 미리 사 놓는 편이 좋습니다.

(3) 입春(   )이 되면 여기저기 봄기운이 솟아납니다.

※ 다음 한자의 음과 뜻을 익히고 써보세요.

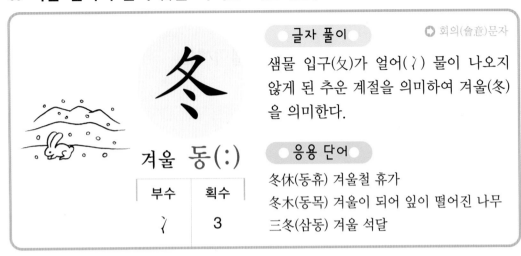

글자 풀이　　○ 회의(會意)문자

샘물 입구(夂)가 얼어(冫) 물이 나오지 않게 된 추운 계절을 의미하여 겨울(冬)을 의미한다.

겨울 동(:)

부수	획수
冫	3

응용 단어

冬休(동휴) 겨울철 휴가
冬木(동목) 겨울이 되어 잎이 떨어진 나무
三冬(삼동) 겨울 석달

필순	ノ ク 夂 冬 冬					
冬	冬					
겨울 동						

※ 다음 한자의 음을 쓰세요.

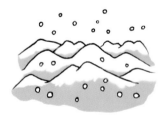

요번 冬休(　　　)에는 설악산에 설경을 보러 가기로 했습니다.

겨울 산에 눈꽃 핀 冬木(　　　)이야말로 장관을 연출하였습니다.

노숙자들은 三冬(삼동)에는 추위 때문에 큰 걱정입니다.

✿ 다음 한자의 음과 뜻을 익히고 써보세요.

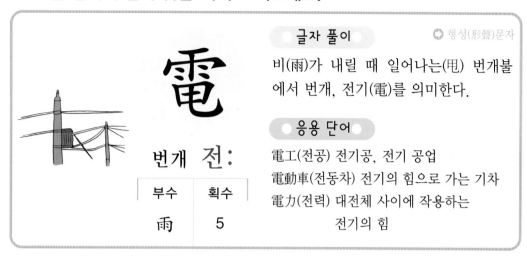

글자 풀이　　○ 형성(形聲)문자

비(雨)가 내릴 때 일어나는(甩) 번개불에서 번개, 전기(電)를 의미한다.

응용 단어

電工(전공) 전기공, 전기 공업
電動車(전동차) 전기의 힘으로 가는 기차
電力(전력) 대전체 사이에 작용하는 전기의 힘

번개 전:

부수	획수
雨	5

필순	一 一 一 一 千 千 千 雨 雨 雨 雨 雨 雨 雨 電
電 번개 전	電				

✿ 다음 한자의 음을 쓰세요.

마지막 電動車(　　　)가 기적을 울리며 달려가고 있습니다.

여름이 되면 電力(　　　) 부족으로 종종 電氣(　　　)가 끊길 때가 있습니다.

電車(전차)는 電氣(전기)의 힘으로 움직이고, 기차는 석탄, 기름, 전기의 힘으로 움직이며, 전철은 전기로만 움직입니다.

❀ 다음 한자의 음과 뜻을 익히고 써보세요.

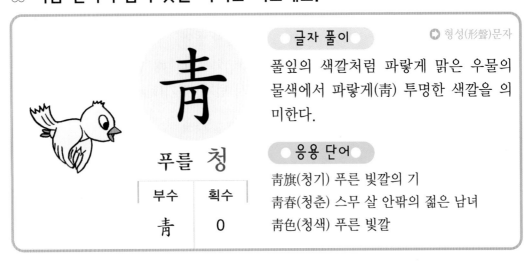

글자 풀이　　　　◐ 형성(形聲)문자

풀잎의 색깔처럼 파랗게 맑은 우물의 물색에서 파랗게(靑) 투명한 색깔을 의미한다.

응용 단어

靑旗(청기) 푸른 빛깔의 기
靑春(청춘) 스무 살 안팎의 젊은 남녀
靑色(청색) 푸른 빛깔

靑
푸를 청

부수	획수
靑	0

필순	一 二 ≠ 主 主 青 青 青				
靑	靑				
푸를 청					

❀ 다음 한자의 음을 쓰세요.

청군이 모여 있는 자리에는 靑旗(　　) 가 걸려있습니다.

흰 종이를 靑色(　　)으로 물들였습니다.

"靑軍(청군), 이겨라!"

❀ 다음 한자의 음과 뜻을 익히고 써보세요.

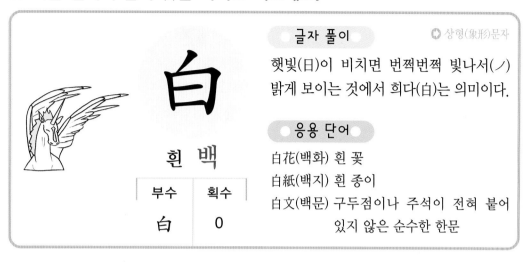

글자 풀이 ◐ 상형(象形)문자

햇빛(日)이 비치면 번쩍번쩍 빛나서(丿) 밝게 보이는 것에서 희다(白)는 의미이다.

응용 단어

白花(백화) 흰 꽃
白紙(백지) 흰 종이
白文(백문) 구두점이나 주석이 전혀 붙어
　　　　　있지 않은 순수한 한문

흰 백

부수	획수
白	0

필순	丿 亻 冂 白 白				
白	白				
흰 백					

❀ 다음 한자의 음을 쓰세요.

白紙(　　)위에 그림을 그리기 시작했습니다.

거실을 白花(　　)로 장식 하였습니다.

"白軍(백군), 이겨라!"

✿ 다음 한자의 음과 뜻을 익히고 써보세요.

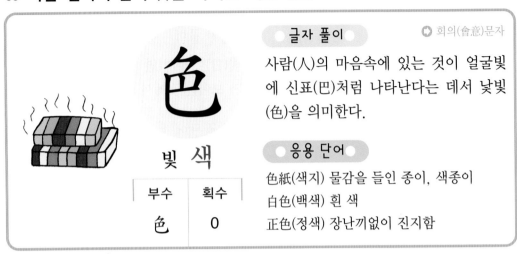

글자 풀이 ● 회의(會意)문자

사람(人)의 마음속에 있는 것이 얼굴빛에 신표(巴)처럼 나타난다는 데서 낯빛(色)을 의미한다.

응용 단어

色紙(색지) 물감을 들인 종이, 색종이
白色(백색) 흰 색
正色(정색) 장난끼없이 진지함

빛 색

부수	획수
色	0

필순	ノ ⼉ ⼂ ⼂ ⼂ 色					
色	色					
빛 색						

✿ 다음 한자의 음을 쓰세요.

오늘 공작 시간에는 色紙(   )를 오려서 붙이기를 하도록 하겠습니다.

철수는 백군이라 白色(   )의 모자를 쓰고 마라톤 대회에 참가했습니다.

色紙(색지)를 준비하세요.

1. 다음 한자의 음과 뜻을 바르게 연결하세요.

冬 •　　　　• 번개 •　　　　• 색

色 •　　　　• 겨울 •　　　　• 전

電 •　　　　• 푸를 •　　　　• 백

白 •　　　　• 빛 •　　　　• 동

青 •　　　　• 흰 •　　　　• 청

2. 보기에서 한자의 뜻과 음을 골라 쓰세요.

보기　번개, 전, 동, 겨울, 흰, 색, 빛, 백, 청, 푸를

青　뜻　　　　　　　　음

冬　뜻　　　　　　　　음

色　뜻　　　　　　　　음

白　뜻　　　　　　　　음

電　뜻　　　　　　　　음

3. 다음 한자의 음을 쓰세요.

(1) 마당 가득 白(　)화가 피었습니다.

(2) 여름만 되면 電(　)기가 모자라 정전이 일어나는 경우가 많습니다.

(3) 파란色(　) 크레파스를 다 써버렸습니다.

名山大川

명산대천

이름난 산과 큰 내

漢字

(사) 한국어문회 주관 / 한국한자능력검정회 시행

해 답

확인학습 1-30

확인학습 01

1.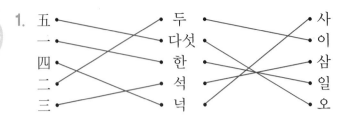

2.

	뜻	음
五	다섯	오
四	넉	사

	뜻	음
二	두	이
三	석	삼

	뜻	음
一	한	일

3. (1) 일, 사   (2) 오   (3) 삼, 이

확인학습 02

1.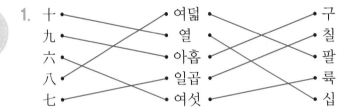

2.

	뜻	음
八	여덟	팔
九	아홉	구

	뜻	음
七	일곱	칠
十	열	십

	뜻	음
六	여섯	륙

3. (1) 육   (2) 팔, 십   (3) 칠

확인학습 03

1.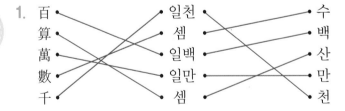

2.

	뜻	음
萬	일만	만
千	일천	천

	뜻	음
百	일백	백
數	셈	수

	뜻	음
算	셈	산

3. (1)백   (2)산   (3)수

확인학습 04

1.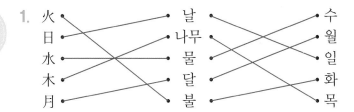

2.

	뜻	음
月	달	월
水	물	수

	뜻	음
木	나무	목
日	날	일

	뜻	음
火	불	화

3. (1) 수　　　(2) 일　　　(3) 화

확인학습 05

1.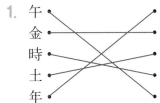

2.

	뜻	음
金	쇠	금
午	낮	오

	뜻	음
時	때	시
年	해	년

	뜻	음
土	흙	토

3. (1) 시　　　(2) 년　　　(3) 금

확인학습 06

1.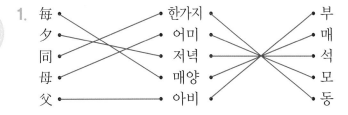

2.

	뜻	음
母	어미	모
父	아비	부

	뜻	음
同	한가지	동
每	매양	매

	뜻	음
夕	저녁	석

3. (1) 부모　　　(2) 매　　　(3) 동

확인학습 07

1.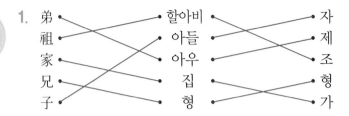

弟 · · 할아비 · · 자
祖 · · 아들 · · 제
家 · · 아우 · · 조
兄 · · 집 · · 형
子 · · 형 · · 가

2.

	뜻	음
家	집	가
兄	형	형

	뜻	음
祖	할아비	조
子	아들	자

	뜻	음
弟	아우	제

3. (1) 가　　(2) 형　　(3) 조

확인학습 08

1.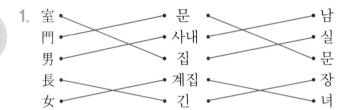

室 · · 문 · · 남
門 · · 사내 · · 실
男 · · 집 · · 문
長 · · 계집 · · 장
女 · · 긴 · · 녀

2.

	뜻	음
門	문	문
男	사내	남

	뜻	음
女	계집	녀
長	긴	장

	뜻	음
室	집	실

3. (1) 문　　(2) 남　　(3) 장

확인학습 09

1.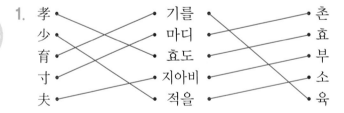

孝 · · 기를 · · 촌
少 · · 마디 · · 효
育 · · 효도 · · 부
寸 · · 지아비 · · 소
夫 · · 적을 · · 육

2.

	뜻	음
少	적을	소
寸	마디	촌

	뜻	음
孝	효도	효
育	기를	육

	뜻	음
夫	지아비	부

3. (1) 효　　(2) 촌　　(3) 부

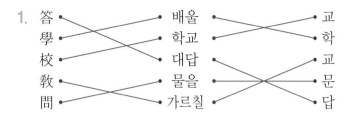

확인학습 10

1.
```
答 ─── 배울      ─── 교
學 ─── 학교      ─── 학
校 ─── 대답      ─── 교
教 ─── 물을      ─── 문
問 ─── 가르칠    ─── 답
```

2.

	뜻	음
校	학교	교
答	대답	답

	뜻	음
問	물을	문
學	배울	학

	뜻	음
教	가르칠	교

3. (1) 학　　　(2) 답　　　(3) 문

확인학습 11

1.
```
話 ─── 먼저      ─── 기
先 ─── 말씀      ─── 화
道 ─── 기록할    ─── 선
記 ─── 말씀      ─── 도
語 ─── 길        ─── 어
```

2.

	뜻	음
先	먼저	선
話	말씀	화

	뜻	음
記	기록할	기
道	길	도

	뜻	음
語	말씀	어

3. (1) 선　　　(2) 기　　　(3) 도

확인학습 12

1.
```
漢 ─── 글월      ─── 지
文 ─── 종이      ─── 한
字 ─── 한수      ─── 문
紙 ─── 노래      ─── 자
歌 ─── 글자      ─── 가
```

2.

	뜻	음
文	글월	문
紙	종이	지

	뜻	음
字	글자	자
漢	한수	한

	뜻	음
歌	노래	가

3. (1) 한문　　　(2) 가　　　(3) 지

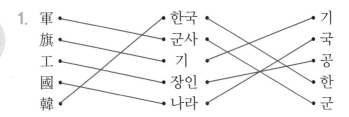

확인학습 13

1.
軍 — 군사
旗 — 기
工 — 장인
國 — 나라
韓 — 한국

(오른쪽) 기 / 국 / 공 / 한 / 군

2.

	뜻	음
工	장인	공
旗	기	기

	뜻	음
韓	한국	한
軍	군사	군

	뜻	음
國	나라	국

3. (1) 기   (2) 군   (3) 공

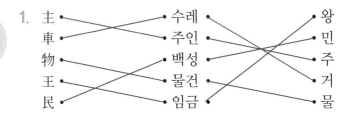

확인학습 14

1.
主 — 주인
車 — 수레
物 — 물건
王 — 임금
民 — 백성

(오른쪽) 왕 / 민 / 주 / 거 / 물

2.

	뜻	음
王	임금	왕
主	주인	주

	뜻	음
車	수레	거
物	물건	물

	뜻	음
民	백성	민

3. (1) 거   (2) 주   (3) 물

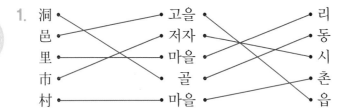

확인학습 15

1.
洞 — 고을
邑 — 저자
里 — 마을
市 — 골
村 — 마을

(오른쪽) 리 / 동 / 시 / 촌 / 읍

2.

	뜻	음
里	마을	리
洞	골	동

	뜻	음
村	마을	촌
市	저자	시

	뜻	음
邑	고을	읍

3. (1) 동   (2) 시   (3) 촌

확인학습 16

1.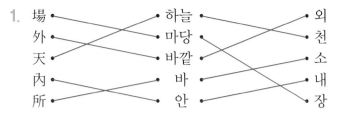

2.

	뜻	음
所	바	소
天	하늘	천

	뜻	음
場	마당	장
內	안	내

	뜻	음
外	바깥	외

3. (1) 천 　(2) 내 　(3) 소

확인학습 17

1.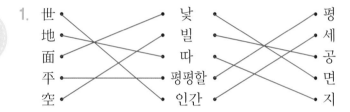

2.

	뜻	음
地	따	지
面	낯	면

	뜻	음
空	빌	공
平	평평할	평

	뜻	음
世	인간	세

3. (1) 지 　(2) 공 　(3) 평

확인학습 18

1.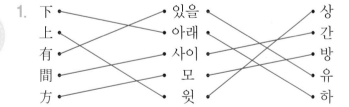

2.

	뜻	음
有	있을	유
方	모	방

	뜻	음
下	아래	하
上	윗	상

	뜻	음
間	사이	간

3. (1) 간 　(2) 상 　(3) 유

1.

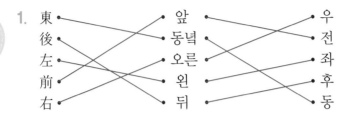

2.

左	뜻	음
	왼	좌
東	동녘	동

右	뜻	음
	오른	우
前	앞	전

後	뜻	음
	뒤	후

3. (1) 전   (2) 동   (3) 좌

1.

2.

南	뜻	음
	남녘	남
大	큰	대

中	뜻	음
	가운데	중
北	북녘	북

西	뜻	음
	서녘	서

3. (1) 대   (2) 서   (3) 중

1.

2.

出	뜻	음
	날	출
全	온전	전

力	뜻	음
	힘	력
小	작을	소

重	뜻	음
	무거울	중

3. (1)출   (2) 전   (3) 중

확인학습 22

1.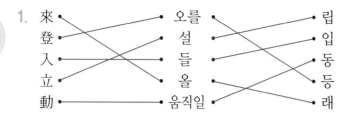

2.

	뜻	음
立	설	립
登	오를	등

	뜻	음
動	움직일	동
來	올	래

	뜻	음
入	들	입

3. (1) 입　　(2) 동　　(3) 내

확인학습 23

1.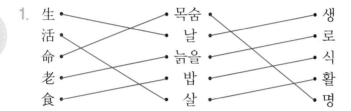

2.

	뜻	음
食	밥	식
生	날	생

	뜻	음
活	살	활
命	목숨	명

	뜻	음
老	늙을	로

3. (1) 식　　(2) 노　　(3) 활

확인학습 24

1.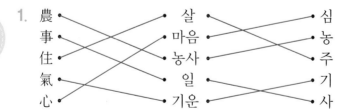

2.

	뜻	음
事	일	사
心	마음	심

	뜻	음
住	살	주
農	농사	농

	뜻	음
氣	기운	기

3. (1) 기　　(2) 농　　(3) 사

1.

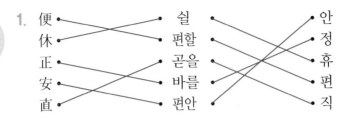

便 — 쉴 — 안
休 — 편할 — 정
正 — 곧을 — 휴
安 — 바를 — 편
直 — 편안 — 직

2.

	뜻	음
安	편안	안
直	곧을	직

	뜻	음
便	편할	편
休	쉴	휴

	뜻	음
正	바를	정

3. (1) 직　　　(2) 휴　　　(3) 안

1.

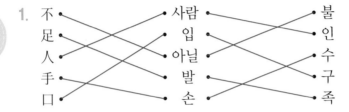

不 — 사람 — 불
足 — 입 — 인
人 — 아닐 — 수
手 — 발 — 구
口 — 손 — 족

2.

	뜻	음
足	발	족
人	사람	인

	뜻	음
口	입	구
不	아닐	불

	뜻	음
手	손	수

3. (1) 인　　　(2) 불　　　(3) 출

1.

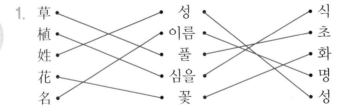

草 — 성 — 식
植 — 이름 — 초
姓 — 풀 — 화
花 — 심을 — 명
名 — 꽃 — 성

2.

	뜻	음
花	꽃	화
名	이름	명

	뜻	음
植	심을	식
草	풀	초

	뜻	음
姓	성	성

3. (1) 명　　　(2) 화　　　(3) 초

확인학습 28

1.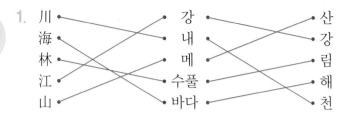

2.

海	뜻	음
海	바다	해
林	수풀	림

山	뜻	음
山	메	산
川	내	천

江	뜻	음
江	강	강

3. (1) 산　　　(2) 해　　　(3) 강

확인학습 29

1.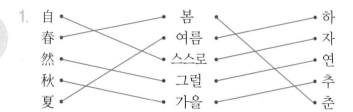

2.

然	뜻	음
然	그럴	연
春	봄	춘

秋	뜻	음
秋	가을	추
自	스스로	자

夏	뜻	음
夏	여름	하

3. (1) 자　　　(2) 추　　　(3) 춘

확인학습 30

1.
冬 — 번개 — 색
色 — 겨울 — 전
電 — 푸를 — 백
白 — 빛 — 동
靑 — 흰 — 청

2.

靑	뜻	음
靑	푸를	청
白	흰	백

冬	뜻	음
冬	겨울	동
電	번개	전

色	뜻	음
色	빛	색

3. (1) 백　　　(2) 전　　　(3) 색

安心立命

안심입명

하찮은 일에 흔들리지 않는 경지

漢字

(사) 한국어문회 주관 / 한국한자능력검정회 시행

부록 Ⅰ

사자성어(四字成語)
반대자(反對字)

사자성어(四字成語)

國民年金	8 8 8 8 (국민연금)	8	일정 기간 또는 죽을 때까지 해마다 지급되는 일정액의 돈
南男北女	8 7Ⅱ 8 8 (남남북녀)	7Ⅱ	우리나라에서, 남자는 남쪽 지방 사람이 잘나고 여자는 북쪽 지방 사람이 고움을 이르는 말
男女老少	7Ⅱ 8 7 7 (남녀노소)	7	남자와 여자, 늙은이와 젊은이란 뜻으로, 모든 사람을 이르는 말
男中一色	7Ⅱ 8 8 7 (남중일색)	7	남자의 얼굴이 썩 뛰어나게 잘생김
大韓民國	8 8 8 8 (대한민국)	8	우리나라의 국호(나라이름)
東問西答	8 7 8 7Ⅱ (동문서답)	7	물음과는 전혀 상관없는 엉뚱한 대답
東西南北	8 8 8 8 (동서남북)	8	동쪽, 서쪽, 남쪽, 북쪽이라는 뜻으로, 모든 방향을 이르는 말
萬里長天	8 7 8 7 (만리장천)	7	아득히 높고 먼 하늘
名山大川	7 8 8 7 (명산대천)	7	이름난 산과 큰 내
百萬大軍	7 8 8 8 (백만대군)	7	아주 많은 병사로 조직된 군대를 이르는 말
不老長生	7Ⅱ 7 8 8 (불로장생)	7	늙지 아니하고 오래 삶
不立文字	7Ⅱ 7Ⅱ 7 7 (불립문자)	7	불도의 깨달음은 마음에서 마음으로 전하는 것이므로 말이나 글 에 의지하지 않는다는 말
父母兄弟	8 8 8 8 (부모형제)	8	아버지·어머니·형·아우라는 뜻으로, 가족을 이르는 말
四方八方	8 7Ⅱ 8 7Ⅱ (사방팔방)	7Ⅱ	여기 저기 모든 방향이나 방면
四海兄弟	8 7Ⅱ 8 8 (사해형제)	7Ⅱ	온 세상 사람이 모두 형제와 같다는 뜻으로, 친밀함을 이르는 말
山川草木	8 7 7 8 (산천초목)	7	산과 내와 풀과 나무, 곧 자연을 이르는 말
三三五五	8 8 8 8 (삼삼오오)	8	서너 사람 또는 대여섯 사람이 떼를 지어 다니거나 무슨 일을 함
上下左右	7Ⅱ 7Ⅱ 7Ⅱ 7Ⅱ (상하좌우)	7Ⅱ	위·아래·왼쪽·오른쪽을 이르는 말로, 모든 방향을 이름
生年月日	8 8 8 8 (생년월일)	8	태어난 해와 달과 날
世上萬事	7Ⅱ 7Ⅱ 8 7Ⅱ (세상만사)	7Ⅱ	세상에서 일어나는 온갖 일
十中八九	8 8 8 8 (십중팔구)	8	열 가운데 여덟이나 아홉 정도로 거의 대부분이거나 거의 틀림없음
安心立命	7Ⅱ 7 7Ⅱ 7 (안심입명)	7	하찮은 일에 흔들리지 않는 경지
月下老人	8 7Ⅱ 7 8 (월하노인)	7	부부의 인연을 맺어 준다는 전설상의 늙은이

二八靑春	8 8 8 7 (이팔청춘)	7	16세 무렵의 꽃다운 청춘
人山人海	8 8 8 7Ⅱ (인산인해)	7Ⅱ	사람이 수없이 많이 모인 상태를 이르는 말
一問一答	8 7 8 7Ⅱ (일문일답)	7	한 번 물음에 대하여 한 번 대답함
一日三秋	8 8 8 7 (일일삼추)	7	하루가 삼 년 같다는 뜻으로, 몹시 애태우며 기다림을 이르는 말
自問自答	7Ⅱ 7 7Ⅱ (자문자답)	7	스스로 묻고 스스로 대답함
自生植物	7Ⅱ 8 7 7Ⅱ (자생식물)	7	산이나 들, 강이나 바다에서 저절로 나는 식물
全心全力	7Ⅱ 7 7Ⅱ7Ⅱ (전심전력)	7	온 마음과 온 힘
地上天國	7 7Ⅱ 7 8 (지상천국)	7	이 세상에서 이룩되는 다시없이 자유롭고 풍족하며 행복한 사회
靑天白日	8 7 8 8 (청천백일)	7	하늘이 맑게 갠 대낮
草食動物	7 7 7Ⅱ7Ⅱ (초식동물)	7	풀을 주로 먹고 사는 동물
春夏秋冬	7 7 7 7 (춘하추동)	7	봄 · 여름 · 가을 · 겨울의 네 계절
土木工事	8 8 7Ⅱ7Ⅱ (토목공사)	7Ⅱ	땅과 하천 따위를 고쳐 만드는 공사
八道江山	8 7Ⅱ7Ⅱ 8 (팔도강산)	7Ⅱ	팔도의 강산이라는 뜻으로, 우리나라 전체의 강산을 이르는 말

반대자(反對字)

南 (남녘 남)	8	↔	北 (북녘 북)	8	先 (먼저 선)	8	↔	後 (뒤 후)	7Ⅱ
大 (큰 대)	8	↔	小 (작을 소)	8	外 (바깥 외)	8	↔	內 (안 내)	7Ⅱ
東 (동녘 동)	8	↔	西 (서녘 서)	8	答 (대답 답)	7Ⅱ	↔	問 (물을 문)	7
母 (어미 모)	8	↔	父 (아비 부)	8	冬 (겨울 동)	7	↔	夏 (여름 하)	7
民 (백성 민)	8	↔	王 (임금 왕)	8	老 (늙을 로)	7	↔	少 (적을 소)	7
水 (물 수)	8	↔	火 (불 화)	8	上 (윗 상)	7Ⅱ	↔	下 (아래 하)	7Ⅱ
日 (날 일)	8	↔	月 (달 월)	8	手 (손 수)	7Ⅱ	↔	足 (발 족)	7Ⅱ
弟 (아우 제)	8	↔	兄 (형 형)	8	右 (오른 우)	7Ⅱ	↔	左 (왼 좌)	7Ⅱ
學 (배울 학)	8	↔	敎 (가르칠 교)	8	入 (들 입)	7	↔	出 (날 출)	7
女 (계집 녀)	8	↔	男 (사내 남)	7Ⅱ	前 (앞 전)	7Ⅱ	↔	後 (뒤 후)	7Ⅱ
山 (메 산)	8	↔	江 (강 강)	7Ⅱ	地 (따 지)	7	↔	天 (하늘 천)	7
山 (메 산)	8	↔	川 (내 천)	7	秋 (가을 추)	7	↔	春 (봄 춘)	7

自問自答

자문자답
스스로 묻고 스스로 대답함

萬里長天

만리장천
아득히 높고 먼 하늘

漢字

(사) 한국어문회 주관 / 한국한자능력검정회 시행

부록 II

최근 기출 & 실전문제

최근 기출 & 실전문제 정답

제99회 7급 기출문제 (2022. 11. 26 시행)

㈜한국어문회 주관 · 한국한자능력검정회 시행

○ 다음 밑줄 친 漢字語의 音(음: 소리)을 쓰세요. (1~32)

[예]	漢字 → 한자

(1) 약속한 시간보다 조금 일찍 모임 場所에 나갔습니다.

(2) 안락의자에 앉으니 便安합니다.

(3) 화분에 심은 花草들을 창가로 옮겼습니다.

(4) 북극 지방의 上空에는 오로라가 나타납니다.

(5) 신하들이 모두 모여 國事를 논의하였습니다.

(6) 할아버지께서는 每日 새벽마다 약수터를 가십니다.

(7) 신라의 군사가 백제의 성을 三重으로 포위했습니다.

(8) 광장에는 數千명의 인파가 몰려들었습니다.

(9) 철수는 앞길이 萬里 같은 팔팔한 청년입니다.

(10) 아버지는 우리에게 自立 정신을 심어주려고 애쓰셨습니다.

(11) 시험장에 入室할 때에는 수험표를 지참해야 합니다.

(12) 암행어사는 王命을 받들고 민정을 살폈습니다.

(13) 최근에는 電氣 자동차가 각광을 받고 있습니다.

(14) 오랜만에 온 食口가 한 자리에 모였습니다.

(15) 새로 개봉한 영화가 世間의 화제가 되고 있습니다.

(16) 下午가 되면서 놀이터에 아이들이 모여들었습니다.

(17) 심청이 아버지의 눈을 뜨게 하기 위해 百方으로 애썼습니다.

(18) 나무를 심고 가꾸는 일을 育林이라고 합니다.

(19) 배 한 척이 외로이 水面 위에 떠 있습니다.

(20) 한 젊은 夫人이 아이 손을 잡고 공원을 산책하였습니다.

(21)   나는 두 사람 사이의 말다툼에서 <u>中道</u>의 입장을 취했습니다.

(22)   저는 오 형제 중의 <u>長男</u>입니다.

(23)   태풍이 <u>南海</u>안을 강타하고 지나갔습니다.

(24)   두 사람은 거의 <u>同時</u>에 결승점에 들어왔습니다.

(25)   <u>車內</u>에서는 반드시 안전띠를 맵니다.

(26)   그는 이번 게임에서도 <u>先手</u>를 빼앗겼습니다.

(27)   고향집 <u>門前</u>에 들어서자 바둑이가 반갑게 꼬리칩니다.

(28)   그 일이 있은 <u>直後</u> 곧바로 영희에게 연락했습니다.

(29)   제가 막중한 그 일을 감당하기에는 <u>力不足</u>입니다.

(30)   함박눈이 내려 <u>天地</u>가 온통 하얗습니다.

(31)   영희는 취미 <u>活動</u>으로 스포츠 댄스를 배우고 있습니다.

(32)   우리 동네 <u>住民</u>들은 대부분 농사를 짓습니다.

⊙ 다음 밑줄 친 漢字語를 〈보기〉에서 찾아 그 번호를 쓰세요. (33~34)

[예]
①有名   ②正色   ③登校   ④農旗

(33)   철수는 내게 정색을 하고 단호하게 말했습니다.

(34)   두레꾼들이 농기를 앞세우고 신나게 풍물을 울립니다.

⊙ 다음 漢字의 訓(훈:뜻)과 音(음:소리)을 쓰세요. (35~54)

[예]
字 → 글자 자

(35)   算   (36)   然   (37)   左

(38) 江   (39) 主   (40) 孝

(41) 記   (42) 老   (43) 平

(44) 子   (45) 夏   (46) 右

(47) 五   (48) 軍   (49) 冬

(50) 少   (51) 年   (52) 歌

(53) 休   (54) 敎

 다음 訓(훈:뜻)과 音(음:소리)에 맞는 漢字를 〈보기〉에서 골라 그 번호를 쓰세요. (55~64)

[예]	① 答	② 祖	③ 洞	④ 北	⑤ 話
	⑥ 小	⑦ 工	⑧ 川	⑨ 來	⑩ 姓

(55) 내 천   (56) 할아비 조

(57) 올 래   (58) 골 동 | 밝을 통

(59) 장인 공   (60) 말씀 화

(61) 대답 답   (62) 성 성

(63) 북녘 북 | 달아날 배   (64) 작을 소

 다음 漢字의 상대 또는 반대되는 漢字를 〈보기〉에서 골라 그 번호를 쓰세요. (65~66)

[예]	① 秋	② 邑	③ 物	④ 夕

(65) ( ) ↔ 心   (66) 春 ↔ ( )

다음 뜻에 맞는 漢字語를 〈보기〉에서 찾아 그 번호를 쓰세요. (67~68)

[예]

① 植木   ② 出市   ③ 白紙   ④ 村家

(67) 시골 마을에 있는 집.

(68) 상품이 시중에 나옴.

다음 漢字의 진하게 표시한 획은 몇 번째 쓰는지 〈보기〉에서 찾아 그 번호를 쓰세요. (69~70)

[예]

① 첫 번째   ② 두 번째   ③ 세 번째   ④ 네 번째
⑤ 다섯 번째   ⑥ 여섯 번째   ⑦ 일곱 번째   ⑧ 여덟 번째

(69)

母
青

(70)

제100회 7급 기출문제 (2023. 02. 25 시행)

㈜한국어문회 주관 · 한국한자능력검정회 시행

▶ 다음 밑줄 친 漢字語의 讀音(독음: 읽는 소리)을 쓰세요. (1~32)

[예]	漢字 → 한자

(1) 그는 집안의 家長으로서 최선을 다했습니다.

(2) 이곳은 비좁아서 空間을 잘 활용해야 합니다.

(3) 정치인은 國民의 의견에 귀 기울여야 합니다.

(4) 충청도와 경상도, 전라도를 일컬어 三南이라 합니다.

(5) 사람은 內面의 아름다움을 길러야 합니다.

(6) 농업과 임업을 합쳐 農林이라 부릅니다.

(7) 答紙에는 글자를 또박또박 써야 합니다.

(8) 생명을 가졌다는 점에서 인간과 動物은 동일합니다.

(9) 신기술의 登場은 인류의 미래를 풍요롭게 합니다.

(10) 유명한 가수가 다음 주에 來韓 공연을 합니다.

(11) 올겨울 추위로 電力 부족을 걱정하게 되었습니다.

(12) 老母의 쇠약한 모습에 마음이 아팠습니다.

(13) 每事에 신중해야 실수를 줄일 수 있습니다.

(14) 봄이 되자 名所가 관광객들로 붐빕니다.

(15) 할머니께 화상통화로 問安 인사를 드렸습니다.

(16) 四方이 안개로 가득 차 앞이 보이지 않을 정도였습니다.

(17) 코로나 확진자가 百萬을 넘어섰습니다.

(18) 父女의 닮은 모습에 친지들이 즐거워했습니다.

(19) 수학의 기본은 算數입니다.

(20) 할아버지는 자식들이 찾아뵌다는 연락에 반가운 氣色이 역력했습니다.

(21) 西門으로 나가야 우리 집에 더 빨리 갈 수 있습니다.

(22) 토끼와 거북이가 先後를 다투며 달리기 경주를 합니다.

(23) 내가 사는 곳에는 市立 시설들이 많아 편리합니다.

(24) 世上에는 도움의 손길이 필요한 곳이 많습니다.

(25) 靑少年의 미래를 위해 우리 사회가 해야 할 일이 무엇인지 고민해야
합니다.

(26) 食口는 끼니를 함께한다는 뜻입니다.

(27) 中心을 잘 잡는 균형 감각이 필요합니다.

(28) 꾸밈이 없는 상태를 自然이라고 일컫습니다.

(29) 택배가 도착하는 데에는 二日이 소요됩니다.

(30) 뒷동산 꼭대기에는 草地가 넓게 펼쳐져 있습니다.

(31) 우리는 午前부터 만나서 즐거운 시간을 보냈습니다.

(32) 옛날에는 五寸도 무척 가까운 친척으로 여겼습니다.

➡ 다음 밑줄 친 漢字語를 〈보기〉에서 찾아 그 번호를 쓰세요. (33~34)

[예]

① 同時　　　② 洞里　　　③ 左右　　　④ 出土

(33) 친구와 내가 동시에 같은 대답을 하고 서로 웃었습니다.

(34) 아파트 공사장에서 백제 유적이 다량으로 출토되었습니다.

➡ 다음 漢字의 訓(훈:뜻)과 음(음:소리)을 쓰세요. (35~54)

[예]

字 → 글자 자

(35) 姓　　　　　　(36) 直　　　　　　(37) 旗

(38) 記 (39) 工 (40) 室

(41) 北 (42) 歌 (43) 活

(44) 軍 (45) 植 (46) 全

(47) 祖 (48) 夫 (49) 育

(50) 村 (51) 弟 (52) 邑

(53) 住 (54) 命

○ 다음 訓(훈:뜻)과 音(음:소리)에 맞는 漢字를 〈보기〉에서 골라 그 번호를 쓰세요. (55~64)

[예]
① 重 ② 便 ③ 東 ④ 文 ⑤ 休
⑥ 夕 ⑦ 江 ⑧ 千 ⑨ 道 ⑩ 不

(55) 동녘 동 (56) 아닐 불

(57) 저녁 석 (58) 길 도

(59) 일천 천 (60) 무거울 중

(61) 강 강 (62) 편할 편 / 똥오줌 변

(63) 글월 문 (64) 쉴 휴

○ 다음 漢字의 상대 또는 반대되는 漢字를 〈보기〉에서 골라 그 번호를 쓰세요. (65~66)

[예]
① 敎 ② 手 ③ 秋 ④ 外

(65) (   ) ↔ 學 (66) 春 ↔ (   )

◐ 다음 뜻에 맞는 漢字語를 〈보기〉에서 찾아 그 번호를 쓰세요. (67~68)

[예]
　　　① 水火　　　② 生花　　　③ 海山　　　④ 小話

(67)　살아있는 화초에서 꺾은 꽃.

(68)　짤막한 이야기.

◐ 다음 漢字의 진하게 표시한 획은 몇 번째 쓰는지 〈보기〉에서 찾아 그 번호를 쓰세요. (69~70)

[예]
　　　① 첫 번째　　② 두 번째　　③ 세 번째　　④ 네 번째
　　　⑤ 다섯 번째　⑥ 여섯 번째　⑦ 일곱 번째　⑧ 여덟 번째
　　　⑨ 아홉 번째　⑩ 열 번째

(69)

(70)

제101회 7급 기출문제 (2023. 06. 03 시행)

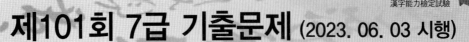

(社)한국어문회 주관 · 한국한자능력검정회 시행

➡ 다음 밑줄 친 漢字語의 음(음: 소리)을 쓰세요. (1~32)

[예]	漢字 → 한자

(1) 그를 알아보지 못하는 사람은 <u>少數</u>에 불과했습니다.

(2) 김삿갓은 방랑 시인으로 <u>有名</u>합니다.

(3) 단비가 오자 <u>農夫</u>들의 일손이 바빠졌습니다.

(4) 도로 공사 때문에 보행자들이 <u>不便</u>을 겪었습니다.

(5) 도서관의 대출 업무가 <u>電算</u>화되면서 이용자가 늘었습니다.

(6) 명절 때가 되면 마을 사람들이 할아버지께 <u>問安</u>하러 옵니다.

(7) 물건이 떨어지는 것은 지구의 <u>重力</u> 때문입니다.

(8) 박 과장은 신입 사원을 <u>敎育</u>하는 일을 담당합니다.

(9) 사또는 각 <u>邑村</u>에 전령을 돌렸습니다.

(10) 사용한 <u>休紙</u>를 함부로 버리지 않습니다.

(11) 소나기가 그친 <u>靑天</u>에 무지개가 걸렸습니다.

(12) 아버지는 <u>年老</u>하신 할머니를 위해 흔들의자를 마련하였습니다.

(13) 예로부터 <u>百姓</u>은 나라의 근본이라 하였습니다.

(14) 오늘은 평상시보다 한 시간 일찍 <u>登校</u>했습니다.

(15) 우리 마을 <u>里長</u>님은 아주 젊습니다.

(16) 우리나라는 일찍부터 <u>活字</u>를 이용한 인쇄술이 발달했습니다.

(17) 우리는 위기에 <u>直面</u>하더라도 슬기롭게 극복할 수 있습니다.

(18) 유관순 열사는 삼일 운동을 <u>主動</u>하였습니다.

(19) 이 댐은 <u>千萬</u> 톤의 물을 가둘 수 있습니다.

(20) 이 영화는 세계 각지에서 <u>同時</u>에 개봉되었습니다.

(21) 이번 주말에는 할아버지 <u>山所</u>에 성묘를 갈 계획입니다.

(22) 이온 음료는 운동 <u>前後</u>에 마시기 좋습니다.

(23) <u>立春</u>이 지나자 바람이 훈훈해졌습니다.

(24) 전통문화 속에는 <u>先祖</u>들의 지혜가 담겨 있습니다.

(25) 주말이면 언니가 어머니의 <u>家事</u>를 돕습니다.

(26) 한국은 노령 <u>人口</u>가 증가하고 있습니다.

(27) 할머니께 드릴 <u>秋夕</u> 선물을 샀습니다.

(28) 할머니께서 다리가 불편한 <u>氣色</u>을 보였습니다.

(29) 할머니는 매일 <u>洞內</u>를 한 바퀴씩 산책합니다.

(30) 해군 경비정이 <u>手旗</u>로 신호를 보냈습니다.

(31) 화살이 과녁에 정확하게 <u>命中</u>하였습니다.

(32) 화제가 <u>自然</u>스럽게 고향 이야기로 옮아갔습니다.

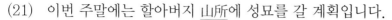 다음 밑줄 친 漢字語를 〈보기〉에서 찾아 그 번호를 쓰세요. (33~34)

[예]

① 語學 　　　② 來往 　　　③ 正午 　　　④ 地下

(33) 이 건물에는 <u>지하</u> 3층에 주차장이 있습니다.

(34) 멀리서 <u>정오</u>를 알리는 종소리가 들려왔습니다.

 다음 漢字의 訓(훈: 뜻)과 音(음: 소리)을 쓰세요. (35~54)

[예]

字 → 글자 자

(35) 軍 　　　　　(36) 記 　　　　　(37) 道

(38) 答   (39) 東   (40) 場

(41) 寸   (42) 話   (43) 每

(44) 海   (45) 足   (46) 民

(47) 男   (48) 右   (49) 左

(50) 上   (51) 工   (52) 市

(53) 室   (54) 韓

다음 訓(훈: 뜻)과 音(음: 소리)에 맞는 漢字를 〈보기〉에서 찾아 그 번호를 쓰세요. (55~64)

| [예] | ① 空 | ② 子 | ③ 孝 | ④ 門 | ⑤ 方 |
| | ⑥ 江 | ⑦ 冬 | ⑧ 平 | ⑨ 世 | ⑩ 車 |

(55) 겨울 동   (56) 모 방

(57) 수레 거 | 수레 차   (58) 인간 세

(59) 아들 자   (60) 평평할 평

(61) 빌 공   (62) 강 강

(63) 문 문   (64) 효도 효

다음 漢字의 상대(또는 반대)되는 漢字를 〈보기〉에서 골라 그 번호를 쓰세요. (65~66)

| [예] | ① 川 | ② 心 | ③ 入 | ④ 夏 |

(65) (   ) ↔ 出   (66) 物 ↔ (   )

다음 뜻에 맞는 漢字語를 〈보기〉에서 찾아 그 번호를 쓰세요. (67~68)

[예]	① 草食	② 花歌	③ 林間	④ 植木

(67) 나무를 심음.

(68) 주로 풀만 먹고 삶.

다음 漢字의 진하게 표시한 획은 몇 번째 쓰는지 〈보기〉에서 찾아 그 번호를 쓰세요. (69~70)

[예]	① 첫 번째	② 두 번째	③ 세 번째
	④ 네 번째	⑤ 다섯 번째	

(69)

(70)

제102회 7급 기출문제 (2023. 08. 26 시행)

㈜한국어문회 주관 · 한국한자능력검정회 시행

◆ 다음 밑줄 친 漢字語의 音(음:소리)을 쓰세요. (1~32)

[예]

漢字 → 한자

(1) 이것은 방부제를 전혀 쓰지 않은 <u>天然</u> 식품입니다.

(2) 이 방법은 임시 <u>方便</u>에 불과합니다.

(3) 그녀는 화살을 정확히 표적에 <u>命中</u>시켰습니다.

(4) 그는 남녀<u>老少</u>를 막론하고 좋아하는 가수입니다.

(5) 폭우로 마을의 <u>農地</u>가 전부 물에 잠겼습니다.

(6) 경찰이 <u>住民</u>의 신고를 받고 긴급 출동하였습니다.

(7) 이 기계는 부품이 <u>數百</u> 가지가 넘습니다.

(8) <u>邑內</u>로 가는 길에 이 편지 좀 부쳐 주세요.

(9) 정환이는 모든 노래를 <u>軍歌</u>처럼 부릅니다.

(10) 부모님께서 작은 아파트를 <u>所有</u>하고 계십니다.

(11) 여기에 이름과 생년월일을 <u>記入</u>해 주세요.

(12) 춘부장께서는 올해 <u>春秋</u>가 어떻게 되시는지요?

(13) 이 영화는 관객 수가 <u>千萬</u> 명을 넘었습니다.

(14) 그 영화에는 많은 배우들이 <u>登場</u>합니다.

(15) 너무 경솔하게 행동하지 말고 <u>自重</u>하세요.

(16) 붕괴 위험으로 다리의 출입을 <u>全面</u> 통제했습니다.

(17) 연필 하나 줬다고 그렇게 <u>生色</u>을 내냐?

(18) 우리 아이는 <u>來年</u>이면 중학생이 돼요.

(19) 우리 모둠은 <u>七夕</u>의 풍속에 대해 조사합니다.

(20) <u>立夏</u>가 지나니 초여름으로 들어선 것 같습니다.

(21) 부모님의 마음이 <u>平安</u>하시길 빌었습니다.

(22) 안 쓰는 플러그를 뽑아 <u>電力</u> 낭비를 줄입시다.

(23) 의사는 약을 <u>食前</u>에 먹으라고 하였습니다.

(24) <u>工事</u> 관계로 보행에 불편을 드려 죄송합니다.

(25) 이 식당은 <u>海物</u>칼국수가 주요 메뉴입니다.

(26) 민규는 홀어머니를 모시고 사는 <u>長男</u>입니다.

(27) 일어나니 <u>正午</u>에 가까운 시간입니다.

(28) 몇 시에 <u>下山</u>할 작정입니까?

(29) 언니와 <u>兄夫</u>는 미국으로 유학을 떠났습니다.

(30) 우리 반에는 나와 <u>同名</u>인 친구가 있습니다.

(31) 나는 졸업 후 십 년 만에 <u>母校</u>를 방문했습니다.

(32) <u>不時</u>에 찾아뵙게 되어서 대단히 죄송합니다.

◆ 다음 漢字의 訓(훈:뜻)과 音(음:소리)을 쓰세요. (33~52)

[예]

字 → 글자 자

(33) 弟	(34) 旗	(35) 寸
(36) 手	(37) 主	(38) 話
(39) 洞	(40) 王	(41) 里
(42) 右	(43) 冬	(44) 父
(45) 育	(46) 外	(47) 村
(48) 足	(49) 市	(50) 活
(51) 孝	(52) 左	

⬥ 다음 밑줄 친 漢字語를 〈보기〉에서 골라 그 번호를 쓰세요. (53~54)

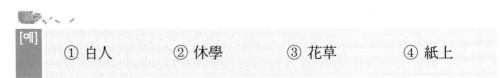

[예]
　　① 白人　　　② 休學　　　③ 花草　　　④ 紙上

(53)　화단 위에 화초가 꽃을 가득 피웠습니다.

(54)　형은 가정 형편이 어려워 휴학 중입니다.

⬥ 다음 訓(훈:뜻)과 音(음:소리)에 맞는 漢字를 〈보기〉에서 골라 그 번호를 쓰세요. (55~64)

[예]
　　① 植　　② 南　　③ 祖　　④ 林　　⑤ 空
　　⑥ 直　　⑦ 間　　⑧ 北　　⑨ 川　　⑩ 室

(55)　내 천　　　　　　　　(56)　북녘 북

(57)　곧을 직　　　　　　　(58)　할아비 조

(59)　사이 간　　　　　　　(60)　빌 공

(61)　남녘 남　　　　　　　(62)　집 실

(63)　수풀 림　　　　　　　(64)　심을 식

⬥ 다음 漢字의 상대 또는 반대되는 漢字를 〈보기〉에서 골라 그 번호를 쓰세요. (65~66)

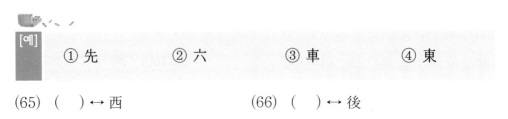

[예]
　　① 先　　　② 六　　　③ 車　　　④ 東

(65)　(　　) ↔ 西　　　　　(66)　(　　) ↔ 後

다음 뜻에 맞는 漢字語를 〈보기〉에서 찾아 그 번호를 쓰세요. (67~68)

[예]

① 家口　　　② 心氣　　　③ 水道　　　④ 算出

(67)　마음으로 느끼는 기분

(68)　계산하여 냄.

다음 漢字의 진하게 표시한 획은 몇 번째 쓰는지 〈보기〉에서 찾아 그 번호를 쓰세요. (69~70)

[예]

① 첫 번째　　② 두 번째　　③ 세 번째　　④ 네 번째
⑤ 다섯 번째　⑥ 여섯 번째　⑦ 일곱 번째

(69)

(70)

제103회 7급 기출문제 (2023. 11. 11 시행)

㈜한국어문회 주관 · 한국한자능력검정회 시행

● 다음 밑줄 친 漢字語의 音(음: 소리)을 쓰세요. (1~32)

[예]
漢字 → 한자

(1) 나무꾼은 가난해도 <u>正直</u>하고 바르게 살려고 노력했습니다.

(2) 영희는 좀처럼 화내거나 <u>不平</u>하는 일이 없습니다.

(3) 모처럼 모인 <u>食口</u>들로 집 안이 떠들썩합니다.

(4) 녹색은 눈을 <u>便安</u>하게 해주는 색입니다.

(5) 옆집 할머니는 늘 <u>氣力</u>이 왕성해 보입니다.

(6) 요즘 <u>農村</u>에는 가을걷이가 한창입니다.

(7) 스코틀랜드에서는 <u>男子</u>가 치마를 입기도 합니다.

(8) 저분은 <u>寸數</u>로 치면 제 팔촌 형님이 됩니다.

(9) 속초는 관광의 <u>名所</u>로도 널리 알려진 곳입니다.

(10) 막내가 나를 보자마자 <u>空然</u>히 심술을 부렸습니다.

(11) 국경일에는 <u>國旗</u>를 게양합니다.

(12) 고귀한 <u>生命</u>은 무엇과도 바꿀 수 없습니다.

(13) 내가 영수를 만나기로 한 날은 <u>來日</u>입니다.

(14) 어제 시내에서 <u>三重</u> 추돌 사고가 났습니다.

(15) 우리 마을에서는 <u>里長</u>님이 제일 바쁩니다.

(16) 빈칸에 이름과 연락처를 <u>記入</u>하도록 했습니다.

(17) 신입 사원들은 컴퓨터 <u>教育</u>을 받았습니다.

(18) 내 조카는 언니보다 <u>兄夫</u>를 더 많이 닮았습니다.

(19) 가을은 <u>登山</u>을 하기에 참 좋은 계절입니다.

(20) 우리 민족은 같은 <u>祖上</u>을 가진 단일 민족입니다.

(21) 일을 하려면 <u>先後</u>를 잘 따져서 해야 합니다.

(22) 이 <u>花草</u>는 물을 자주 주지 않아도 잘 자랍니다.

(23) <u>千金</u>을 준다 해도 건강과는 바꿀 수 없습니다.

(24) 장군은 <u>手下</u>의 병졸들을 이끌고 전쟁터로 향했습니다.

(25) 동네 이발소는 <u>每月</u> 첫째 주 화요일에 쉽니다.

(26) 몸을 건강하게 관리하는 것도 부모님께 <u>孝道</u>하는 것입니다.

(27) 덕이 많은 임금은 하늘을 공격하고 <u>百姓</u>을 사랑했습니다.

(28) 소방차가 사이렌을 울리며 화재 현장으로 <u>出動</u>합니다.

(29) 이 나무를 가을에 <u>植木</u>하면 내년 봄에 꽃을 볼 수 있습니다.

(30) 대전 <u>方面</u>으로 가려면 왼쪽 길로 가야 합니다.

(31) 가게 점원이 허리를 굽혀 정중하게 <u>人事</u>를 했습니다.

(32) 할아버지께서는 <u>白色</u> 한복을 즐겨 입으십니다.

◆ 다음 밑줄 친 漢字語를 〈보기〉에서 찾아 그 번호를 쓰세요. (33~34)

[예]

　　① 大家　　　　② 同門　　　　③ 休學　　　　④ 心地

(33) 아버지와 삼촌은 같은 고등학교를 나온 <u>동문</u>입니다.

(34) 철수는 <u>심지</u>가 굳고 용감한 아이입니다.

◆ 다음 漢字의 訓(훈:뜻)과 音(음:소리)을 쓰세요. (35~54)

[예]

字 → 글자 자

(35) 世　　　　　　(36) 立　　　　　　(37) 時

(38)　右　　　　　(39)　間　　　　　(40)　邑

(41)　車　　　　　(42)　川　　　　　(43)　海

(44)　場　　　　　(45)　夏　　　　　(46)　夕

(47)　工　　　　　(48)　住　　　　　(49)　市

(50)　江　　　　　(51)　內　　　　　(52)　左

(53)　洞　　　　　(54)　午

다음 訓(훈:뜻)과 音(음:소리)에 맞는 漢字를 〈보기〉에서 골라 그 번호를 쓰세요. (55~64)

| [예] | ① 室 | ② 答 | ③ 有 | ④ 算 | ⑤ 中 |
| | ⑥ 六 | ⑦ 靑 | ⑧ 前 | ⑨ 足 | ⑩ 林 |

(55)　있을 유　　　　　(56)　셈 산

(57)　수풀 림　　　　　(58)　푸를 청

(59)　집 실　　　　　(60)　앞 전

(61)　대답 답　　　　　(62)　발 족

(63)　여섯 륙　　　　　(64)　가운데 중

다음 漢字의 상대 또는 반대되는 漢字를 〈보기〉에서 골라 그 번호를 쓰세요. (65~66)

| [예] | ① 少 | ② 春 | ③ 主 | ④ 歌 |

(65)　(　)↔秋　　　　　(66)　老↔(　)

다음 뜻에 맞는 漢字語를 〈보기〉에서 찾아 그 번호를 쓰세요. (67~68)

[예]
① 電話 　　② 紙物 　　③ 自活 　　④ 冬天

(67) 겨울 하늘. 　　　　　　(68) 스스로의 힘으로 살아감.

다음 漢字의 진하게 표시한 획은 몇 번째 쓰는지 〈보기〉에서 찾아 그 번호를 쓰세요. (69~70)

[예]
① 첫 번째 　　② 두 번째 　　③ 세 번째 　　④ 네 번째
⑤ 다섯 번째 　　⑥ 여섯 번째 　　⑦ 일곱 번째

(69)

(70)

제104회 7급 기출문제 (2024. 02. 24 시행)

㈜한국어문회 주관 · 한국한자능력검정회 시행

➡ 다음 밑줄 친 漢字語의 音(음: 소리)을 쓰세요. (1~32)

[예]

漢字 → 한자

(1) 요즘 청소년들이 가장 선호하는 직업은 歌手입니다.

(2) 間食을 많이 먹는 문화는 건강에 안 좋은 영향을 끼칩니다.

(3) 지난 범죄 사건으로 인해 치안에 空白이 생겼습니다.

(4) 다른 나라의 國土를 침범하는 일은 결코 용납할 수 없습니다.

(5) 용의자는 경찰을 만나자 당황한 氣色을 감추지 못했습니다.

(6) 來年에는 중학교에 입학해서 새 친구들을 만나게 됩니다.

(7) 학생회장 선거에서 후보자의 공약에 관한 問答이 오갔습니다.

(8) 立冬이 되니 정말 겨울이 온다는 느낌이 들었습니다.

(9) 주말 登山을 통해 평일에 쌓였던 스트레스를 풀 수 있습니다.

(10) 환경오염이 심해지면서 農林 산업이 각광을 받고 있습니다.

(11) 봄은 萬物이 소생하는 계절이라고들 말합니다.

(12) 내 친구는 每事에 빈틈이 없이 행동하는 장점이 있습니다.

(13) 성실함은 제가 꿈꾸는 목표를 이루는 動力입니다.

(14) 마지막 화살이 命中하면서 금메달을 목에 걸 수 있었습니다.

(15) 千字文을 떼고 나니 자신감이 한층 올라간 느낌입니다.

(16) 춘천 方面으로 가는 기차가 이제 곧 출발합니다.

(17) 태풍이 北上하여 우리나라가 영향권에 접어들 전망입니다.

(18) 저는 四寸들과 매우 가깝게 지내는 편입니다.

(19) 이 식물의 生長 기간은 다른 식물에 비해 긴 편입니다.

(20) 견우와 직녀가 만나는 날을 七夕이라고 부릅니다.

(21) 부모를 잃었지만 씩씩하게 살아가는 <u>少女</u>를 보며 저 자신을 반성하게 되었습니다.

(22) 언제부터 <u>植木日</u>이 공휴일에서 제외되었나요?

(23) 냉장고에 보관했다고 해서 무조건 <u>安心</u>하고 먹어서는 안 됩니다.

(24) 동해 관광을 통해 <u>天然</u>의 아름다움을 감상할 수 있었습니다.

(25) 공부에는 <u>王道</u>가 없다는 말처럼, 요행을 바라지 않는 태도가 중요합니다.

(26) 해가 뜨는 것만큼이나 멋진 모습이 <u>月出</u>임을 사람들은 잘 모르는 것 같다.

(27) <u>正門</u>에 사람들이 몰려 매우 혼잡한 상황이라고 들었습니다.

(28) 수면 <u>不足</u>은 현대인들이 공통적으로 느끼는 어려움입니다.

(29) 미래의 <u>主人</u>은 어린이입니다.

(30) 정치인들은 <u>住民</u>들의 요구를 반영하여 정책을 수립해야 합니다.

(31) 우리 학교 <u>春秋</u>복은 참 예쁩니다.

(32) 저희 어머니는 <u>花草</u> 키우는 것을 좋아하십니다.

➡ 다음 밑줄 친 漢字語를 〈보기〉에서 찾아 그 번호를 쓰세요. (33~34)

[예]
① 學校　　　② 東西　　　③ 算數　　　④ 地下

(33) 이 지역에는 여러 개의 <u>학교</u>가 밀집해 있습니다.

(34) 우리 동네에는 <u>동서</u>로 큰 길이 나 있습니다.

➡ 다음 漢字의 訓(훈: 뜻)과 音(음: 소리)을 쓰세요. (35~54)

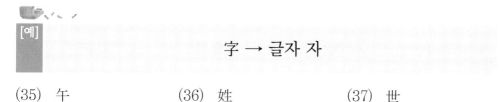

[예]
字 → 글자 자

(35) 午　　　　　　(36) 姓　　　　　　(37) 世

(38) 名	(39) 同	(40) 家
(41) 市	(42) 里	(43) 重
(44) 南	(45) 先	(46) 江
(47) 大	(48) 夫	(49) 軍
(50) 夏	(51) 邑	(52) 工
(53) 老	(54) 育	

▶ 다음 訓(훈: 뜻)과 音(음: 소리)에 맞는 漢字를 〈보기〉에서 찾아 그 번호를 쓰세요. (55~64)

| [예] | ① 室 | ② 口 | ③ 金 | ④ 話 | ⑤ 所 |
| | ⑥ 車 | ⑦ 有 | ⑧ 自 | ⑨ 川 | ⑩ 父 |

(55) 아비 부   (56) 바 소
(57) 수레 거 | 수레 차   (58) 집 실
(59) 내 천   (60) 스스로 자
(61) 입 구   (62) 있을 유
(63) 말씀 화   (64) 쇠 금 | 성 김

▶ 다음 漢字의 상대(또는 반대)되는 漢字를 〈보기〉에서 골라 그 번호를 쓰세요. (65~66)

| [예] | ① 內 | ② 全 | ③ 後 | ④ 紙 |

(65) (   ) ↔ 外   (66) 前 ↔ (   )

● 다음 뜻에 맞는 漢字語를 〈보기〉에서 찾아 그 번호를 쓰세요. (67~68)

[예]
①左右   ②水火   ③兄弟   ④母子

(67) 왼쪽과 오른쪽.   (68) 어머니와 아들.

● 다음 漢字의 진하게 표시한 획은 몇 번째 쓰는지 〈보기〉에서 찾아 그 번호를 쓰세요. (69~70)

[예]
① 첫 번째   ② 두 번째   ③ 세 번째   ④ 네 번째
⑤ 다섯 번째   ⑥ 여섯 번째   ⑦ 일곱 번째   ⑧ 여덟 번째
⑨ 아홉 번째   ⑩ 열 번째   ⑪ 열한 번째   ⑫ 열두 번째
⑬ 열세 번째

(69)
電

(70)
直

제1회 7급 실전문제

漢字能力檢定試驗

(社)한국어문회 주관 · 한국한자능력검정회 시행

⭕ 다음 밑줄 친 漢字語(한자어)의 音(음:소리)을 쓰세요. (1~32)

[예]

漢字 → 한자

(1) 주말에 江村에 놀러갔다.
(2) 철수가 쓴 것이 正答이다.
(3) 방학 중에 봉사 活動을 하였다.
(4) 구름 한 점 없는 靑天이 아름답다.
(5) 신문 배달이 생계의 方便이다.
(6) 한 여름 生食은 주의해야 한다.
(7) 아버지는 邑內에 다녀오셨다.
(8) 삼촌이 미국으로 出國하셨다.
(9) 사람은 萬物의 영장이다.
(10) 원서에 住所를 정확하게 적었다.
(11) 유명한 歌手가 음악회를 열었다.
(12) 토론에서 中道적 입장을 취했다.
(13) 부모님 姓名을 한자로 쓸 줄 안다.
(14) 정치가는 民心을 잘 알아야 한다.
(15) 선생님은 수학 敎育을 중시하신다.
(16) 王子는 어려서부터 배움을 즐겼다.
(17) 오늘은 學校 운동회 날이다.
(18) 봉사원이 몸이 불편한 老人을 돌본다.
(19) 우리 마을 電氣 승압 공사를 시행했다.
(20) 오늘은 午前수업만 하였다.
(21) 洞里 아이들이 연을 날리고 있었다.
(22) 봄 들녘에 百花가 만발하였다.
(23) 아저씨는 農事지을 땅을 마련하셨다.
(24) 우리 두 사람은 四寸 형제간이다.

(25) 지난 休日에 동해안에 다녀왔다.

(26) 빈 空間을 활용하여 창고를 지었다.

(27) 이번 주말에 시골 祖母님을 뵈었다.

(28) 형은 海軍에서 복무하고 있다.

(29) 온 가족이 모두 登山을 즐긴다.

(30) 현재 自然 파괴가 큰 문제가 되고 있다.

(31) 부모님 모두 平安하십니다.

(32) 재래市場의 건물을 현대식으로 증축하였다.

▶ 다음 漢字(한자)의 訓(훈:뜻)과 音(음:소리)을 쓰세요. (33~51)

[예]

字 → 글자 자

(33) 工	(34) 同	(35) 林	(36) 立
(37) 數	(38) 色	(39) 夫	(40) 命
(41) 算	(42) 足	(43) 長	(44) 草
(45) 七	(46) 川	(47) 火	(48) 世
(49) 時	(50) 木	(51) 食	

▶ 다음 漢字語(한자어)의 뜻을 우리말로 쓰세요. (52~53)

(52) 大門

(53) 入室

▶ 다음 訓(훈)과 音(음)에 맞는 漢字(한자)를 例(예)에서 골라 그 번호를 쓰세요.
(54~63)

[예]

① 重	② 千	③ 八	④ 地	⑤ 話
⑥ 直	⑦ 主	⑧ 五	⑨ 土	⑩ 白

(54) 흙 토   (55) 따 지

(56) 곧을 직   (57) 일천 천

(58) 말씀 화   (59) 여덟 팔

(60) 흰 백   (61) 주인 주

(62) 다섯 오   (63) 무거울 중

➡ 다음 漢字(한자)의 상대 또는 반대되는 漢字(한자)를 例(예)에서 골라 그 번호를 쓰세요. (64~65)

[예]	① 夏	② 左	③ 男
	④ 北	⑤ 不	⑥ 三

(64) 冬 ↔ (   )

(65) 南 ↔ (   )

➡ 다음 문장에서 밑줄 친 단어의 漢字(한자)를 例(예)에서 골라 그 번호를 쓰세요. (66)

[예]	① 東西	② 家口	③ 兄弟	④ 孝女

(66) 효녀 심청이는 아버지의 눈을 뜨게 하였다.

⬥ 다음 문장에서 밑줄 친 단어와 같은 뜻을 지닌 漢字(한자)를 例(예)에서 골라
번호를 쓰세요. (67 ~ 68)

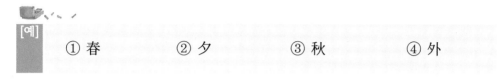
[예]
　　① 春　　　　　② 夕　　　　　③ 秋　　　　　④ 外

(67) 봄에는 꽃이 피었다.

(68) 저녁이 되자 날씨가 추워졌다.

⬥ 다음 漢字(한자)의 진하게 표시한 획은 몇 번째 쓰는지 〈보기〉에서 찾아 그
번호를 쓰세요. (69~70)

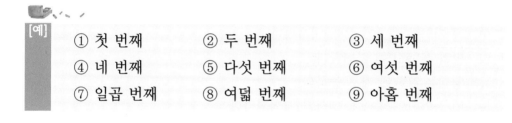
[예]
　　① 첫 번째　　　② 두 번째　　　③ 세 번째
　　④ 네 번째　　　⑤ 다섯 번째　　⑥ 여섯 번째
　　⑦ 일곱 번째　　⑧ 여덟 번째　　⑨ 아홉 번째

(69)　江

(70)　左

漢字能力檢定試驗

㈜한국어문회 주관 · 한국한자능력검정회 시행

다음 밑줄 친 漢字語(한자어)의 음(音:소리)을 쓰세요. (1~32)

[예]

漢字 → 한자

(1) 철수는 부모님께 孝道한다.

(2) 오늘 校門을 넓히는 공사를 시행했다.

(3) 토론회에서 학생교육에 대한 問答이 있었다.

(4) 우리는 大同단결하여 국난을 극복했다.

(5) 그 지역은 農土가 모두 비옥하다.

(6) 방과 후 南山에 다녀왔다.

(7) 영희는 算數에 매우 능하다.

(8) 인근 야산에서 植木 행사가 개최되었다.

(9) 선생님은 老母를 봉양하며 사신다.

(10) 모든 生命은 다 소중한 것이다.

(11) 우리 고을 地名의 유래를 알고 있다.

(12) 오랜만에 六寸 오빠를 만났다.

(13) 날이 더워지면서 電力 사용량이 늘었다.

(14) 일의 先後를 가려 처리하였다.

(15) 철수는 약속 時間을 잘 지킨다.

(16) 군사 정권 뒤에 文民정부가 들어섰다.

(17) 그 나라는 國王 탄생일을 기념한다.

(18) 추석은 음력 八月에 있다

(19) 두 兄弟는 매우 우애가 깊었다.

(20) 우리에게는 자랑스러운 祖上이 있다.

(21) 우리 집은 어머니가 家長이다.

(22) 그의 부탁을 <u>面前</u>에서 거절하지는 못하였다.

(23) 그는 <u>男女</u>평등을 주장하였다.

(24) <u>靑年</u>은 나라의 일꾼입니다.

(25) <u>下午</u>의 햇살이 서녘 창가로 비친다.

(26) 그 일이 있은 뒤 <u>四方</u>에서 의병이 일어났다.

(27) 병이 치료되어 <u>安心</u>이다.

(28) 그는 <u>自立</u>하여 따로 가게를 차렸다.

(29) 천지가 눈으로 덮여 온통 <u>白色</u>이었다.

(30) 이곳은 제지<u>工場</u>이 유명하다.

(31) 바닷길을 따라 <u>東西</u>로 고속도로가 뚫렸다.

(32) 축구 때문에 경기장 <u>內外</u>가 관중으로 붐볐다.

◗ 다음 漢字(한자)의 訓(훈:뜻)과 音(음:소리)을 쓰세요. (33~51)

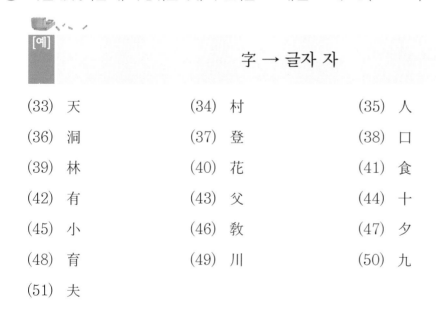

[예]

字 → 글자 자

(33) 天   (34) 村   (35) 人

(36) 洞   (37) 登   (38) 口

(39) 林   (40) 花   (41) 食

(42) 有   (43) 父   (44) 十

(45) 小   (46) 敎   (47) 夕

(48) 育   (49) 川   (50) 九

(51) 夫

◗ 다음 漢字語(한자어)의 뜻을 우리말로 쓰세요. (52~53)

(52) 正直

(53) 春夏秋冬

다음 訓(훈:뜻)과 곱(음:소리)에 맞는 漢字(한자)를 例(예)에서 골라 그 번호를 쓰세요. (54~63)

[예]

① 車   ② 世   ③ 少   ④ 紙   ⑤ 市

⑥ 子   ⑦ 五   ⑧ 草   ⑨ 然   ⑩ 重

(54) 아들 자

(55) 다섯 오

(56) 인간 세

(57) 종이 지

(58) 저자 시

(59) 수레 거

(60) 적을 소

(61) 그럴 연

(62) 무거울 중

(63) 풀 초

다음 漢字(한자)의 상대 또는 반대되는 漢字(한자)를 例(예)에서 골라 그 번호를 쓰세요. (64~65)

[예]

① 主   ② 中   ③ 七

④ 火   ⑤ 手   ⑥ 出

(64) 水 ↔ (   )

(65) 足 ↔ (   )

다음 문장에서 밑줄 친 단어의 漢字(한자)를 例(예)에서 골라 그 번호를 쓰세요. (66)

[예]

① 每日   ② 來日   ③ 事物   ④ 動物

(66) 우리 아버지는 <u>매일</u> 아침 신문을 보십니다.

다음 문장에서 밑줄 친 단어와 같은 뜻을 지닌 漢字(한자)를 例(예)에서 골라 그 번호를 쓰세요. (67~68)

[예]
　① 江　　　　② 海　　　　③ 歌　　　　④ 室

(67) 우리나라는 삼면이 <u>바다</u>입니다.

(68) 우리 집은 항상 <u>노래</u> 소리가 가득합니다.

다음 漢字(한자)의 진하게 표시한 획은 몇 번째 쓰는지 〈보기〉에서 찾아 그 번호를 쓰세요. (69~70)

[예]
　① 첫 번째　　　② 두 번째　　　③ 세 번째
　④ 네 번째　　　⑤ 다섯 번째　　⑥ 여섯 번째
　⑦ 일곱 번째　　⑧ 여덟 번째　　⑨ 아홉 번째

(69)

(70)

제99회 7급 기출문제 답안지

■ 사단법인 한국어문회 • 한국한자능력검정회　　　2022. 11. 26. (토)　　　7 0 1 ■

수험번호 □□□-□□-□□□□　　　　성명 □□□□□

생년월일 □□□□□□　　※ 유성 싸인펜, 붉은색 필기구 사용 불가.

※ 답안지는 컴퓨터로 처리되므로 구기거나 더럽히지 마시고, 정답 칸 안에만 쓰십시오.
　글씨가 채점란으로 들어오면 오답처리가 됩니다.

제99회 전국한자능력검정시험 7급 답안지(1)

번호	정답	1검	2검	번호	정답	1검	2검	번호	정답	1검	2검
1	장소			12	왕명			23	남해		
2	편안			13	전기			24	동시		
3	화초			14	식구			25	차내		
4	상공			15	세간			26	선수		
5	국사			16	하오			27	문전		
6	매일			17	백방			28	직후		
7	삼중			18	육림			29	역부족		
8	수천			19	수면			30	천지		
9	만리			20	부인			31	활동		
10	자립			21	중도			32	주민		
11	입실			22	장남			33	② 正色		

감독위원	채점위원(1)		채점위원(2)		채점위원(3)	
(서명)	(득점)	(서명)	(득점)	(서명)	(득점)	(서명)

※ 본 답안지는 컴퓨터로 처리되므로 구겨지거나 더럽혀지지 않도록 조심하시고 글씨를 칸 안에 또박또박 쓰십시오.

제99회 전국한자능력검정시험 7급 답안지(2)

번호	정답	1검	2검	번호	정답	1검	2검	번호	정답	1검	2검
	답안란	채점란			답안란	채점란			답안란	채점란	
34	④ 農旗			47	다섯 오			60	⑤ 話		
35	셈 산			48	군사 군			61	① 答		
36	그럴 연			49	겨울 동			62	⑩ 姓		
37	왼 좌			50	적을 소			63	④ 北		
38	강 강			51	해 년			64	⑥ 小		
39	임금/주인 주			52	노래 가			65	③ 物		
40	효도 효			53	쉴 휴			66	① 秋		
41	기록할 기			54	가르칠 교			67	④ 村家		
42	늙을 로			55	⑧ 川			68	② 出市		
43	평평할 평			56	② 祖			69	④		
44	아들 자			57	⑨ 來			70	⑤		
45	여름 하			58	③ 洞						
46	오를/오른(쪽) 우			59	⑦ 工						

■ 사단법인 한국어문회 • 한국한자능력검정회　　　　2023. 02. 25. (토)　　　7 0 1 ■

수험번호 □□□ - □□ - □□□□　　　　성명 □□□□□
생년월일 □□□□□□　　※ 유성 싸인펜, 붉은색 필기구 사용 불가.

※ 답안지는 컴퓨터로 처리되므로 구기거나 더럽히지 마시고, 정답 칸 안에만 쓰십시오.
　글씨가 채점란으로 들어오면 오답처리가 됩니다.

제100회 전국한자능력검정시험 7급 답안지(1)

번호	정답	1검	2검	번호	정답	1검	2검	번호	정답	1검	2검
1	가장			12	노모			23	시립		
2	공간			13	매사			24	세상		
3	국민			14	명소			25	청소년		
4	삼남			15	문안			26	식구		
5	내면			16	사방			27	중심		
6	농림			17	백만			28	자연		
7	답지			18	부녀			29	이일		
8	동물			19	산수			30	초지		
9	등장			20	기색			31	오전		
10	내한			21	서문			32	오촌		
11	전력			22	선후			33	①		

감독위원	채점위원(1)		채점위원(2)		채점위원(3)	
(서명)	(득점)	(서명)	(득점)	(서명)	(득점)	(서명)

※ 본 답안지는 컴퓨터로 처리되므로 구겨지거나 더럽혀지지 않도록 조심하시고 글씨를 칸 안에 또박또박 쓰십시오.

제100회 전국한자능력검정시험 7급 답안지(2)

번호	답안란 정답	채점란 1검	2검	번호	답안란 정답	채점란 1검	2검	번호	답안란 정답	채점란 1검	2검
34	④			47	할아비 조			60	①		
35	성 성			48	지아비 부			61	⑦		
36	곧을 직			49	기를 육			62	②		
37	기 기			50	마을 촌			63	④		
38	기록할 기			51	아우 제			64	⑤		
39	장인 공			52	고을 읍			65	①		
40	집 실			53	살 주			66	③		
41	북녘 북 | 달아날 배			54	목숨 명			67	②		
42	노래 가			55	③			68	④		
43	살 활			56	⑩			69	⑨		
44	군사 군			57	⑥			70	④		
45	심을 식			58	⑨						
46	온전 전			59	⑧						

부록 Ⅱ

제101회 7급 기출문제 답안지

■ 사단법인 한국어문회 • 한국한자능력검정회　　　2023. 06. 03. (토)　　　7 0 1 ■

수험번호 □□□-□□-□□□□　　　성명 □□□□□

생년월일 □□□□□□　※ 유성 싸인펜, 붉은색 필기구 사용 불가.

※ 답안지는 컴퓨터로 처리되므로 구기거나 더럽히지 마시고, 정답 칸 안에만 쓰십시오.
　글씨가 채점란으로 들어오면 오답처리가 됩니다.

제101회 전국한자능력검정시험 7급 답안지(1)

번호	정답	1검	2검	번호	정답	1검	2검	번호	정답	1검	2검
1	소수			12	연로			23	입춘		
2	유명			13	백성			24	선조		
3	농부			14	등교			25	가사		
4	불편			15	이장			26	인구		
5	전산			16	활자			27	추석		
6	문안			17	직면			28	기색		
7	중력			18	주동			29	동내		
8	교육			19	천만			30	수기		
9	읍촌			20	동시			31	명중		
10	휴지			21	산소			32	자연		
11	청천			22	전후			33	④ 地下		

감독위원		채점위원(1)		채점위원(2)		채점위원(3)	
(서명)		(득점)	(서명)	(득점)	(서명)	(득점)	(서명)

※ 본 답안지는 컴퓨터로 처리되므로 구겨지거나 더렵혀지지 않도록 조심하시고 글씨를 칸 안에 또박또박 쓰십시오.

제101회 전국한자능력검정시험 7급 답안지(2)

번호	정답	1검	2검	번호	정답	1검	2검	번호	정답	1검	2검
	답안란	채점란			답안란	채점란			답안란	채점란	
34	③ 正午			47	사내 남			60	⑧ 平		
35	군사 군			48	오를/오른(쪽) 우			61	① 空		
36	기록할 기			49	왼 좌			62	⑥ 江		
37	길 도			50	윗 상			63	④ 門		
38	대답 답			51	장인 공			64	③ 孝		
39	동녘 동			52	저자 시			65	③ 入		
40	마당 장			53	집 실			66	② 心		
41	마디 촌			54	한국/나라 한			67	④ 植木		
42	말씀 화			55	⑦ 冬			68	① 草食		
43	매양 매			56	⑤ 方			69	④		
44	바다 해			57	⑩ 車			70	②		
45	발 족			58	⑨ 世						
46	백성 민			59	② 子						

제102회 7급 기출문제 답안지

■ 사단법인 한국어문회 • 한국한자능력검정회   2023. 08. 26. (토)   7 0 1 ■

수험번호 □□□-□□-□□□□   성명 □□□□□

생년월일 □□□□□□   ※ 유성 싸인펜, 붉은색 필기구 사용 불가.

※ 답안지는 컴퓨터로 처리되므로 구기거나 더럽히지 마시고, 정답 칸 안에만 쓰십시오.
 글씨가 채점란으로 들어오면 오답처리가 됩니다.

제102회 전국한자능력검정시험 7급 답안지(1)

번호	정답	1검	2검	번호	정답	1검	2검	번호	정답	1검	2검
1	천연			12	춘추			23	식전		
2	방편			13	천만			24	공사		
3	명중			14	등장			25	해물		
4	노소			15	자중			26	장남		
5	농지			16	전면			27	정오		
6	주민			17	생색			28	하산		
7	수백			18	내년			29	형부		
8	읍내			19	칠석			30	동명		
9	군가			20	입하			31	모교		
10	소유			21	평안			32	불시		
11	기입			22	전력			33	아우 제		

감독위원	채점위원(1)		채점위원(2)		채점위원(3)	
(서명)	(득점)	(서명)	(득점)	(서명)	(득점)	(서명)

※ 본 답안지는 컴퓨터로 처리되므로 구겨지거나 더럽혀지지 않도록 조심하시고 글씨를 칸 안에 또박또박 쓰십시오.

제102회 전국한자능력검정시험 7급 답안지(2)

번호	정답	1검	2검	번호	정답	1검	2검	번호	정답	1검	2검
	답안란	채점란			답안란	채점란			답안란	채점란	
34	기 기			47	마을 촌			60	⑤		
35	마디 촌			48	발 족			61	②		
36	손 수			49	저자 시			62	⑩		
37	주인/임금 주			50	살 활			63	④		
38	말씀 화			51	효도 효			64	①		
39	골동/밝을 통			52	왼 좌			65	④		
40	임금 왕			53	③			66	①		
41	마을 리			54	②			67	②		
42	오른 우			55	⑨			68	④		
43	겨울 동			56	⑧			69	④		
44	아비 부			57	⑥			70	⑦		
45	기를 육			58	③						
46	바깥 외			59	⑦						

제103회 7급 기출문제 답안지

■ 사단법인 한국어문회 · 한국한자능력검정회　　　2023. 11. 11. (토)　　　７０１ ■

수험번호 □□□-□□-□□□□　　　성명 □□□□□

생년월일 □□□□□□　　※ 유성 싸인펜, 붉은색 필기구 사용 불가.

※ 답안지는 컴퓨터로 처리되므로 구기거나 더럽히지 마시고, 정답 칸 안에만 쓰십시오.
　글씨가 채점란으로 들어오면 오답처리가 됩니다.

제103회 전국한자능력검정시험 7급 답안지(1)

번호	정답	1검	2검	번호	정답	1검	2검	번호	정답	1검	2검
	답안란	채점란			답안란	채점란			답안란	채점란	
1	정직			12	생명			23	천금		
2	불평			13	내일			24	수하		
3	식구			14	삼중			25	매월		
4	편안			15	이장			26	효도		
5	기력			16	기입			27	백성		
6	농촌			17	교육			28	출동		
7	남자			18	형부			29	식목		
8	촌수			19	등산			30	방면		
9	명소			20	조상			31	인사		
10	공연			21	선후			32	백색		
11	국기			22	화초			33	② 同門		

감독위원	채점위원(1)		채점위원(2)		채점위원(3)	
(서명)	(득점)	(서명)	(득점)	(서명)	(득점)	(서명)

※ 본 답안지는 컴퓨터로 처리되므로 구겨지거나 더렵혀지지 않도록 조심하시고 글씨를 칸 안에 또박또박 쓰십시오.

제103회 전국한자능력검정시험 7급 답안지(2)

번호	정답	1검	2검	번호	정답	1검	2검	번호	정답	1검	2검
	답안란	채점란			답안란	채점란			답안란	채점란	
34	④ 心地			47	장인 공			60	⑧		
35	인간 세			48	살 주			61	②		
36	설 립			49	저자 시			62	⑨		
37	때 시			50	강 강			63	⑥		
38	오를/ 오른(쪽) 우			51	안 내			64	⑤		
39	사이 간			52	왼 좌			65	②		
40	고을 읍			53	골 동 | 밝을 통			66	①		
41	수레 거 | 수레 차			54	낮 오			67	④		
42	내 천			55	③			68	③		
43	바다 해			56	④			69	⑥		
44	마당 장			57	⑩			70	②		
45	여름 하			58	⑦						
46	저녁 석			59	①						

부록 II

제104회 7급 기출문제 답안지

■ 사단법인 한국어문회 • 한국한자능력검정회　　　　2024. 02. 24. (토)　　　　7 0 1 ■

수험번호 □□□-□□-□□□□　　　　성명 □□□□□
생년월일 □□□□□□　　※ 유성 싸인펜, 붉은색 필기구 사용 불가.

※ 답안지는 컴퓨터로 처리되므로 구기거나 더럽히지 마시고, 정답 칸 안에만 쓰십시오.
　　글씨가 채점란으로 들어오면 오답처리가 됩니다.

제104회 전국한자능력검정시험 7급 답안지(1)

번호	정답	1검	2검	번호	정답	1검	2검	번호	정답	1검	2검
	답안란	채점란			답안란	채점란			답안란	채점란	
1	가수			12	매사			23	안심		
2	간식			13	동력			24	천연		
3	공백			14	명중			25	왕도		
4	국토			15	천자문			26	월출		
5	기색			16	방면			27	정문		
6	내년			17	북상			28	부족		
7	문답			18	사촌			29	주인		
8	입동			19	생장			30	주민		
9	등산			20	칠석			31	춘추		
10	농림			21	소녀			32	화초		
11	만물			22	식목일			33	①		

감독위원	채점위원(1)		채점위원(2)		채점위원(3)	
(서명)	(득점)	(서명)	(득점)	(서명)	(득점)	(서명)

※ 본 답안지는 컴퓨터로 처리되므로 구겨지거나 더럽혀지지 않도록 조심하시고 글씨를 칸 안에 또박또박 쓰십시오.

제104회 전국한자능력검정시험 7급 답안지(2)

번호	정답	1검	2검	번호	정답	1검	2검	번호	정답	1검	2검
34	②			47	큰 대			60	⑧		
35	낮 오			48	지아비 부			61	②		
36	성 성			49	군사 군			62	⑦		
37	인간 세			50	여름 하			63	④		
38	이름 명			51	고을 읍			64	③		
39	한가지 동			52	장인 공			65	①		
40	집 가			53	늙을 로			66	③		
41	저자 시			54	기를 육			67	①		
42	마을 리			55	⑩			68	④		
43	무거울 중			56	⑤			69	④		
44	남녘 남			57	⑥			70	④		
45	먼저 선			58	①						
46	강 강			59	⑨						

제1회 7급 실전문제 답안지

■ 사단법인 한국어문회 · 한국한자능력검정회
701 ■

수험번호 □□□-□□-□□□□　　　　성명 □□□□□

생년월일 □□□□□□　　※ 유성 싸인펜, 붉은색 필기구 사용 불가.

※ 답안지는 컴퓨터로 처리되므로 구기거나 더럽히지 마시고, 정답 칸 안에만 쓰십시오.
　글씨가 채점란으로 들어오면 오답처리가 됩니다.

제1회 전국한자능력검정시험 7급 실전문제 답안지(1)

번호	정답	1검	2검	번호	정답	1검	2검	번호	정답	1검	2검
1	강촌			12	중도			23	농사		
2	정답			13	성명			24	사촌		
3	활동			14	민심			25	휴일		
4	청천			15	교육			26	공간		
5	방편			16	왕자			27	조모		
6	생식			17	학교			28	해군		
7	읍내			18	노인			29	등산		
8	출국			19	전기			30	자연		
9	만물			20	오전			31	평안		
10	주소			21	동리			32	시장		
11	가수			22	백화			33	장인 공		

감독위원	채점위원(1)		채점위원(2)		채점위원(3)	
(서명)	(득점)	(서명)	(득점)	(서명)	(득점)	(서명)

※ 본 답안지는 컴퓨터로 처리되므로 구겨지거나 더렵혀지지 않도록 조심하시고 글씨를 칸 안에 또박또박 쓰십시오.

제1회 전국한자능력검정시험 7급 실전문제 답안지(2)

번호	정답	1검	2검	번호	정답	1검	2검	번호	정답	1검	2검
34	한가지 동			47	불 화			60	⑩		
35	수풀 림			48	인간 세			61	⑦		
36	설 립			49	때 시			62	⑧		
37	셈 수			50	나무 목			63	①		
38	빛 색			51	밥/먹을 식			64	①		
39	지아비 부			52	큰문			65	④		
40	목숨 명			53	방에 들어감			66	④		
41	셈 산			54	⑨			67	①		
42	발 족			55	④			68	②		
43	긴 장			56	⑥			69	⑤		
44	풀 초			57	②			70	③		
45	일곱 칠			58	⑤						
46	내 천			59	③						

제2회 7급 실전문제 답안지

■ 사단법인 한국어문회 · 한국한자능력검정회 7 0 1 ■

수험번호 ☐☐☐-☐☐-☐☐☐☐　　성명 ☐☐☐☐☐

생년월일 ☐☐☐☐☐☐　　※ 유성 싸인펜, 붉은색 필기구 사용 불가.

※ 답안지는 컴퓨터로 처리되므로 구기거나 더럽히지 마시고, 정답 칸 안에만 쓰십시오.
　글씨가 채점란으로 들어오면 오답처리가 됩니다.

제2회 전국한자능력검정시험 7급 실전문제 답안지(1)

번호	정답	1검	2검	번호	정답	1검	2검	번호	정답	1검	2검
1	효도			12	육촌			23	남녀		
2	교문			13	전력			24	청년		
3	문답			14	선후			25	하오		
4	대동			15	시간			26	사방		
5	농토			16	문민			27	안심		
6	남산			17	국왕			28	자립		
7	산수			18	팔월			29	백색		
8	식목			19	형제			30	공장		
9	노모			20	조상			31	동서		
10	생명			21	가장			32	내외		
11	지명			22	면전			33	하늘 천		

감독위원	채점위원(1)		채점위원(2)		채점위원(3)	
(서명)	(득점)	(서명)	(득점)	(서명)	(득점)	(서명)

※ 본 답안지는 컴퓨터로 처리되므로 구겨지거나 더럽혀지지 않도록 조심하시고 글씨를 칸 안에 또박또박 쓰십시오.

제2회 전국한자능력검정시험 7급 실전문제 답안지(2)

번호	정답	1검	2검	번호	정답	1검	2검	번호	정답	1검	2검
	답안란	채점란			답안란	채점란			답안란	채점란	
34	마을 촌			47	저녁 석			60	③		
35	사람 인			48	기를 육			61	⑨		
36	골 동			49	내 천			62	⑩		
37	오를 등			50	아홉 구			63	⑧		
38	입 구			51	지아비 부			64	④		
39	수풀 림			52	바르고 곧음			65	⑤		
40	꽃 화			53	봄 여름 가을 겨울			66	①		
41	먹을 식			54	⑥			67	②		
42	있을 유			55	⑦			68	③		
43	아비 부			56	②			69	④		
44	열 십			57	④			70	④		
45	작을 소			58	⑤						
46	가르칠 교			59	①						

부록 Ⅱ

不立文字

불립문자

불도의 깨달음은 마음에서 마음으로 전하는 것이므로 말이나 글에 의지하지 않는다는 말

저자 남기탁(南基卓)

약력 한국어문교육연구회 편찬위원장

사단법인 한국어문회 이사

한국한자능력검정회 회장

강원대학교 인문대학 국어국문학과 교수

한자능력검정시험 7급

초판발행 2004년 3월 20일

21판발행 2024년 8월 10일

발행인 한국어문교육연구회

발행처 한국어문교육연구회

주소 서울시 서초구 사임당로 64, 401호(서초동, 교대벤처타워)

전화 1566-1400

등록번호 제22-1555호

ISBN 979-11-91238-67-9 13700

정가 18,000원

공|급|처   푸른하늘   T.02-332-1275, 1276 | F.02-332-1274
www.skymiru.co.kr